Dem späteren Wissen voraus

Prominente über ihre Studienzeit an der Humboldt-Universität zu Berlin

Herausgegeben von der Humboldt-Universität zu Berlin

PANAMA
VERLAG

Die in diesem Band versammelten Gespräche wurden im Rahmen der Interviewreihe »Prominente Ehemalige der Humboldt-Universität zu Berlin« zwischen 2001 und 2004 geführt. Dieses Projekt des Referats Öffentlichkeitsarbeit entstand unter der Leitung von Heike Zappe. Wir danken der Humboldt-Universitäts-Gesellschaft und der Humboldt-Universität zu Berlin für die freundliche Unterstützung. Mehr Informationen im Alumni-Portal unter www.hu-berlin.de/alumni

Inhalt

Vorwort des Präsidenten der Humboldt-Universität zu Berlin

»Zum Reisen gehört Geduld, Mut, Humor und dass man sich durch kleine widrige Zufälle nicht niederschlagen lasse«, so äußerte sich Adolf Freiherr von Knigge gegen Ende des 18. Jahrhunderts, also zu einer Zeit, in der man in den höheren Schichten großen Wert auf Bildungsreisen durch Europa legte. Viele junge Männer begaben sich beispielsweise auf eine grand tour zu den klassischen Ausgrabungsstätten in Italien; kleine widrige Zufälle, auf die Knigge anspielt, waren dann unter Umständen Überfälle durch Räuber auf den Wegen nach Rom oder Taschendiebe in der ewigen Stadt, die es natürlich auch schon damals gab.

Für den Forschungsreisenden Alexander von Humboldt, der im Jahre 1802 unter Lebensgefahr den Berg Chimborazo im heutigen Ecuador zu besteigen versuchte, wäre allerdings die Rede von kleinen widrigen Zufällen eine Untertreibung gewesen: Da er sich in Höhen vorwagte, für die man eigentlich eine Sauerstoffmaske benötigen würde, befiel Humboldt die Höhenkrankheit und er wäre fast ums Leben gekommen. Gerade hat ein amerikanischer Kollege, Aaron Sachs von der Cornell University, gezeigt, dass Alexander von Humboldt – gemeinsam mit seinem

Bruder Wilhelm Namenspatron unserer Universität – durch seine berühmten Expeditionen das Ideal der Bildungsreise nachhaltig transformierte und auf diese Weise viele amerikanische Forscher tief beeinflusste. Im Naturkundemuseum unserer Universität und in anderen Berliner Museen werden zahlreiche Objekte ausgestellt, die Humboldt von seinen Reisen mitbrachte.

Studierende unserer Tage sind oft schon sehr weit gereist – ich merke das, wenn ich in meinen eigenen Vorlesungen von antiken Ausgrabungen rund um das Mittelmeer erzähle und die leuchtenden Augen der Zuhörenden verraten, dass sie dies alles schon einmal gesehen haben. Während ich im Laufe meines eigenen Studiums in den frühen 1980er Jahren ganz glücklich war, im Rahmen einer Universitätsexkursion den Moseberg in der Sinai-Wüste besteigen zu dürfen, haben heute viele meiner Studierenden weit höhere Berge erklettert, zum Teil sogar mit einer Sauerstoffmaske. Aber man könnte den Satz des Freiherrn von Knigge, der natürlich heute wie damals zutrifft, auch auf das Studieren insgesamt anwenden. Er müsste dann etwa so lauten: »Zum Studieren gehört Geduld, Mut, Humor und dass man sich durch kleine widrige Zufälle nicht niederschlagen lasse.« Die in diesem Buch vorgestellten Absolventen der Humboldt-Universität zu Berlin haben alle ihr Studium an dieser Universität mit Mut angetreten und mit ebenso viel Geduld wie Humor zu Ende geführt. Ihre Ausdauer machte sich bezahlt, denn nachdem sie unsere Universität verlassen hatten, war ihr weiterer Lebensweg von großem Erfolg gekrönt. Ihr Wirkungskreis blieb dabei natürlich nicht auf dieses Land, oder gar auf diese Stadt beschränkt; unsere Absolventen reisten vielmehr nach ihrem Studium in die weite Welt, ließen sich von Zufällen und Unvorhergesehenem weder beirren noch aus der Bahn werfen. Sie haben auf diese Weise auch mit dazu beigetragen, dass der Name unserer Universität auf der ganzen Welt ein Begriff geworden ist – das merke ich gegenwärtig auf meinen Reisen.

Ein Buch mit prominenten Absolventen kann man auf ganz verschiedene Weise nutzen: Man kann seine historische Bildung verbessern, neugierig schauen, wer vor einem selbst erfolgreich ein Studium an der Alma Mater Berolinensis absolviert hat – oder sich davon überzeugen, dass Geduld, Mut und Humor zu behalten wirklich ein probates Rezept für das Studium ist, weil es schon so oft zum Erfolg geführt hat. Wie auch immer dieses Buch also genutzt wird: Ich wünsche viel Vergnügen dabei und danke denen, die es verfasst haben.

Im Herbst 2007 — Prof. Dr. Dr. h.c. Christoph Markschies

Heinz Berggruen

Heinz Berggruen (1914–2007) war einer der bedeutendsten Sammler der Kunst des 20. Jahrhunderts. 1932 begann er ein Studium der Literaturwissenschaft und Kunstgeschichte an der Friedrich-Wilhelms-Universität zu Berlin, der heutigen Humboldt-Universität. Nach seinem Abschluss arbeitete er als Journalist und Schriftsteller, bis er 1936 in die Vereinigten Staaten emigrierte. Dort war er als Kunstkritiker und Kurator tätig. Während des Zweiten Weltkriegs kam er mit der US-Armee wieder nach Europa und ließ sich Ende der 1940er Jahre als Kunsthändler in Paris nieder. 1996 kehrte Prof. e.h. Dr. h.c. Heinz Berggruen nach Berlin zurück und eröffnete das Museum Berggruen. Dort ist seine Sammlung auch nach seinem Tod im Februar 2007 weiter zu sehen.

Wenn Sie heute von der Friedrich-Wilhelms-Universität zu Berlin hören, was ist Ihre stärkste Erinnerung?

Ich fürchte, da fällt mir nicht viel ein. Nicht nur, weil es schon lange her ist, sondern auch, weil es eine sehr kurze Zeit war. Ich war sehr unruhig, weil ich noch nicht wusste, was genau ich machen wollte. Die Universität war überlaufen, so wie sie es wohl auch heute noch oder gerade wieder ist. Und ich hatte meinen Platz noch nicht gefunden.

Aus diesem Grund streifen Sie diese Zeit in Ihrer Autobiografie wohl gar nicht?

Sechs Monate sind halt nur eine sehr kurze Übergangszeit.

Wie kam es dazu, dass Sie sich in Germanistik einschrieben? Sie stammen aus einem eher amusischen Elternhaus.

Ich hatte das Abitur gemacht, und wie sich das so in bürgerlichen Familien gehört, kam nun das Studium. Ich hatte bald das Gefühl, ich brauchte eine andere Umgebung, um mich so zu schulen, wie ich es beabsichtigte. Dann bin ich nach Frankreich gegangen. Also nicht aus politischen Gründen oder, wie man damals vielleicht gesagt hätte, aus rassischen Gründen. Ich bin nach Frankreich gegangen, weil ich auf der Schule Französisch lernte. Ich war auch sehr an französischer Literatur, an Romanistik, interessiert.

Warum sind Sie nicht schon nach dem Abitur als 18-Jähriger nach Frankreich gegangen?

Damals war mir noch gar nicht klar, was Universität bedeutet. Das habe ich dann erst mitbekommen, wie ich mich inskribiert habe, Unter den Linden bei der damaligen Friedrich-Wilhelms-Universität. Und dann habe ich aber gemerkt, dass ich ein größeres, weiteres Feld wollte als das, was mir da geboten wurde. Die Idee, nach Frankreich zu gehen, hat mich stimuliert.

Können Sie sich an das Procedere der Einschreibung an der Friedrich-Wilhelms-Universität erinnern?

Nichts Feierliches, nur Routine. Man schrieb sich ein, wie man sich für eine Wahl einschreibt. Es war alles viel zu unpersönlich und viel zu anonym. Man ging als Individuum dabei unter. Es hatte nichts Individuelles. Das ist wahrscheinlich recht oft so bei einer großen Universität.

Wie war das Verhältnis zu Ihren Dozenten?

Es war beinahe abstrakt. Das hat wahrscheinlich auch dazu beigetragen, dass ich so schnell Berlin und die Universität hier verlassen habe. Es fehlte die Art von Kontakt, nach der ich mich wohl sehnte und die ich dann tatsächlich sehr schnell, obwohl als Ausländer mit begrenzten Sprachkenntnissen, erfolgreich fand.

Sie gingen nach Frankreich, erst nach Grenoble, dann nach Toulouse.

Ja, das war ein Riesenunterschied. Denn plötzlich waren keine Eltern mehr da. Ich war auf mich gestellt, aber ich habe sehr schnell gute Kontakte gefunden, vor allem zu französischen Studenten. Ich hatte neun Jahre Französisch auf der Schule. Es war nicht aufregend gut, aber es war doch gut genug. Ich habe eine ganze Clique von Kommilitonen in Toulouse gehabt, mit denen ich dann zusammensaß und zusammen arbeitete und zusammen diskutierte – und zusammen Dummheiten machte.

Aber nach zwei Jahren hat Sie dann Ihre Mutter wieder zurückgeholt nach Berlin.

Richtig. Mein Vater traf mich in Paris, um mit mir ans Meer zu gehen. Ferien. Und dann fuhr er zurück und ich blieb noch ein bisschen in Paris und meiner Mutter hat das nicht gepasst. Für die war ich noch ein Kind, obwohl ich da ja schon zwanzig Jahre alt war. Sie hat mich zurückgeholt. Sie hat mich richtig zurück geprügelt: So jetzt langt's. Du treibst dich hier rum, statt ein vernünftiger Mensch zu werden.

Was war denn Ihr Berufsziel?

Ich wollte Journalist werden. Schriftsteller. Eindeutig.

Und das hat Ihrer Mutter nicht gefallen?

Das hätte ihr schon gefallen. Im Gegenteil. Aber für sie war Paris ein Sumpf. Sie wollte ihren Sohn nicht in einem Sumpf haben. Ich hatte einen Vater, der sehr, sehr sanftmütig war, und eine höchst energische Mutter. Das war genau 1934/35 und Hitler war schon an der Macht, wie man weiß. Aber ich habe das überhaupt nicht ernst genommen. So wie viele andere jüdische Menschen. Sonst wäre ich ja nicht zurückgekehrt. Man glaubte eben, dass es ein Spuk sei, der vorbeigeht.

Dann haben Sie die Bücherverbrennung im Mai 1933 auf dem Platz vor der Universität nicht erlebt?

Genau da war ich nicht da. 1933 war ich in Toulouse und ganz mit der französischen Literatur befasst, und das war alles noch weit weg von mir. Aber dass ich den Plan hatte, selber in die Literatur einzusteigen und zu schreiben, Journalist zu werden, das war schon eindeutig. Und das habe ich dann auch getan, als ich nach Berlin zurückkam. Ich schrieb für die Frankfurter Zeitung. Ich bin ganz sicher ihr ältester lebender Mitarbeiter. Ich habe 1935 meine ersten Feuilletons für die FAZ geschrieben, damals hieß sie Frankfurter Zeitung.

Sie waren bis 1936 in Berlin, haben sich aber dann entschlossen, in die USA zu gehen.

Ich merkte, ich hatte keine Zukunft hier. Mich hat man nie angegriffen, angespuckt oder was weiß ich. Es war alles noch vor der Reichskristallnacht, noch vor der Zeit, zu der, auf Anregung der Schweizer übrigens, jüdische Menschen einen jüdischen Vornamen in ihren Pass eintragen mussten, die Frauen »Sarah« und die Männer »Israel«. Ich merkte es, als ich von der Frankfurter Zeitung hörte, sie würden gerne weiter meine Feuilletons veröffentlichen, aber nicht unter meinem Namen. Er könnte als jüdisch interpretiert werden: Berggruen. Sie haben dann die Artikel tatsächlich nur mit meinen Initialen erscheinen lassen: h. b. Da spürte ich, das sind Einschränkungen, auf die ich mich nicht einlassen möchte. Ich sah einfach keine Zukunft. Ich wollte eine intensive, schöne Zukunft haben. Und da bin ich besser aufgehoben, wenn ich weggehe.

Sie haben Ihre Memoiren »Hauptweg und Nebenwege« genannt. Ein Hauptweg war wohl die Emigration nach Amerika?

So würde ich nicht sagen, nein. Der Hauptweg war die Kunst. In Frankreich war ich zu sehr mit französischer Literatur befasst. Das Interesse für die bildende Kunst kam erst, als ich in Amerika war. Das Ganze wurde über die Jahre eine Art Besessenheit. Die Beziehung zur Malerei hat sich ständig verdichtet. Es hat sich so ergeben.

War das ein sinnliches Gefühl oder schon der Intellekt, da passiert etwas Großartiges?

So kann man es ausdrücken. Es ist ein absolut sinnliches Gefühl. In San Francisco habe ich einen großen Freskenmaler kennengelernt: Diego Rivera. Die Beziehung zu ihm war für mich sehr wichtig. Ganz zu schweigen von seiner Frau Frida Kahlo. Das waren Erlebnisse, die mich sehr in diese Richtung bewegt haben, die bildende Kunst. Das hat sich dann noch sehr viel stärker entwickelt, als ich durch den Krieg nach Europa zurückkam und mich in Frankreich etablierte, meiner damaligen Wahlheimat.

1957 haben Sie sich von der Humboldt-Universität eine Studienbescheinigung ausstellen lassen. Wofür?

Ich bekam einen Doctor honoris causa von einer amerikanischen Universität. Sie hatten mich gebeten, alle Papiere zusammenzusuchen, die bezeugen, dass ich studiert und einen Magister gemacht habe.

Warum haben Sie nach dem Studium nicht den Weg des Wissenschaftlers eingeschlagen?

Ich habe keine besondere Begabung, was Wissenschaft betrifft. Keine ausgesprochenen Kenntnisse, auch keine intensive Neugier. Die Wissenschaft ist eine ferne Welt für mich. Die Kunst nicht.

Aber die Kunstwissenschaft vielleicht?

Das ist mir dann wieder zu trocken, zu abstrakt, zu theoretisch. Die Beziehung, die ich zur Kunst habe, ist, um Ihr Wort zu gebrauchen, eine rein sinnliche.

Haben Sie selbst gemalt?

Nein. Ich weiß einfach, dass ich nicht malen kann. Wenn andere das Bedürfnis haben – es gibt ja so unendlich viele, die das Bedürfnis haben, sich durch Malerei auszudrücken –, dann sollen sie es tun. Aber die meisten haben nicht viel zu sagen.

Sie sind während des Zweiten Weltkriegs als US-Soldat wieder zurückgekommen nach Europa. Wie haben Sie das Nachkriegsdeutschland erlebt?

Das Nachkriegsdeutschland habe ich noch als amerikanischer Soldat erlebt in Trümmern, in einem elenden Zustand. Es war kaputt. Es war ein großer Steinbaukasten, der zertrümmert ist, fertig.

Und die geistigen Trümmer?

Da war Verwirrung, Zerstörung, Hilflosigkeit und der Versuch, sich zurechtzufinden. Es war eine ziemlich traurige Angelegenheit.

Im Herbst 2001 fand ein Treffen von ehemaligen Studenten der Berliner Universität statt, die 1933 wegen ihrer jüdischen Abstammung vertrieben worden waren. Warum sind Sie noch einmal auf Tuchfühlung gegangen mit dieser vergangenen Zeit?

Es war eine sehr noble Geste vom Präsidenten und von der Universität, denen, die Kommilitonen waren und rausgehen mussten, zu sagen: Wir möchten Sie in Erinnerung an die damalige Zeit einladen und Ihnen sagen, wie sehr wir es schätzen, dass Sie überhaupt kommen. Ich habe es sehr gerne gemacht.

Sie haben in diesem Interview mehrfach betont, dass Sie sich an vieles nicht mehr erinnern. Was macht für Sie das Wechselverhältnis zwischen Erinnern und Vergessen aus? Wie selektieren Sie Erinnerung?

Zum Teil ist es eine Zeitfrage. Ich erinnere mich ja auch nicht an vieles, was in meiner Kindheit passiert ist. Das geht wohl jedem so. Es sind einfach zu viele Jahre vergangen. Und je näher etwas liegt, was man gemacht hat, desto deutlicher sind die Erinnerungen, außer bei dem, was man unterdrückt hat, also im Freud'schen Sinne unterdrückt, weil es unangenehme Erfahrungen waren.

War die Berliner Universität für Sie ein »Nebenweg«?

Ein kleiner Nebenweg. Eine Gasse. Aber jedes Stück spielt eine Rolle, nicht? Sie war Anregung genug, dass ich dann nach Frankreich ging, um meine Studien intensiv fortzusetzen.

Sie sitzen hier auf einem Sofa unter sechs Schwarz-Weiß-Fotografien, die alle etwas verbindet: Ihre Verehrung für Pablo Picasso. Wie wichtig war Picasso für Ihren »Hauptweg« – die Kunst?

Ganz entscheidend. Er hat auf diesem Weg die allergrößte Rolle gespielt. Wie niemand sonst. Das liegt an zwei Dingen. Erstens sein Werk, für mich das bedeutendste Werk des 20. Jahrhunderts auf dem Gebiet der bildenden Kunst. Und diese überragende, starke Persönlichkeit. Ich hatte die Chance, die Gelegenheit, die Möglichkeit, ihn kennenzulernen und eine freundschaftliche Beziehung zu entwickeln. Es ist gerade eine Biografie herausgekommen, von seinem Enkel Olivier geschrieben, in der ich übrigens immer wieder zitiert werde.

Was schätzte denn Picasso an Ihnen?

An mir? Jetzt könnte ich die etwas törichte Antwort geben: Da muss man eher ihn fragen. Aber den kann man ja nicht fragen aus guten Gründen. Ja, ich vermute, meine Neugier gefiel Picasso. Mein echtes Interesse an seinem Werk. Er wurde von unendlich vielen Leuten heimgesucht und die meisten hat er gleich wieder weggeschickt. Die hat er ignoriert, weil er es ganz schnell spürte, dass die einfach nur eine ganz oberflächliche Bekanntschaft suchten und überhaupt keine Beziehung zu seinem Werk hatten. Und bei mir muss er wohl von Anfang an gemerkt haben, dass ich sehr mit seinem Werk vertraut und beschäftigt war.

Haben Sie ihm Vorträge gehalten?

Nein. Das hätte ihn nur gelangweilt. Picasso hatte einen ungeheuren Charme, aber er war auch nicht unschwierig. Er war ungeduldig. Er wollte keine langen Geschichten hören. Er wollte einfach, dass man merkte, was er machte, worum es ging. Und das mit zwei, drei kleinen Fragen, die er einem stellte. Beinahe kann man sagen: Fangfragen. Wenn ihm das nicht gefiel, schickte er die Leute einfach weg: So, jetzt bin ich beschäftigt. Auf Wiedersehen. Er konnte sehr rücksichtslos sein. Aber ich hatte das Glück, dass er mich durch und durch akzeptierte.

Welches Bild ist Ihr Lieblingsbild?

Es ist eine bestimmte Epoche, die man die »Epoche Dora Maar« nennen kann. Dora Maar, die vor zwei Jahren hochbetagt, kurz vor ihrem neunzigsten Geburtstag, gestorben ist, kannte ich auch gut. Von dieser Epoche habe ich das Glück, eine Reihe schöner Bilder zu besitzen. Es ist genau ein Porträt von Dora Maar aus dem Jahre 1939, das für mich wahrscheinlich das wichtigste und reizvollste meiner ganzen Sammlung ist.

Können Sie in Worte fassen, warum?

Es ist schwierig zu definieren. Es ist alles: der Zusammenklang vieler Elemente, die sich im Laufe der Jahre angesammelt hatten. Das ist eben ein großer Wurf, was einen nicht loslässt als Bild. Dieses Bild, das die Dora Maar mit dem gelben Pullover zeigt, es ist das Flaggschiff unserer Sammlung geworden.

Nehmen wir an, es gibt so etwas wie ein Leben nach dem Tod. Welche Bilder würden Sie mitnehmen wollen?

Das eben genannte und ein ganz wichtiges Bild von Paul Klee aus dem Jahr 1931 von einer besonderen Technik, pointillistisch, divisionistisch. »Klassische Küste« hat er es genannt.

Klee hat seinen Bildern wunderbare Titel gegeben. Und das ist auch ein großartiges Bild, das ich mitnehmen würde. Und die »Seilspringerin« von Matisse. Ich kriege den Sarg schon voll.

Was bezeichnen Sie denn als den Sinn Ihres Lebens?

Oh, wir steigen jetzt in tiefe Philosophie ein. Ja, der Sinn, etwas aufgebaut zu haben, und ich habe ja meine Sammlung dem Bund geschenkt. Ich werde nicht mehr da sein, ich bin vergänglich, wir sind alle vergänglich, aber die Sammlung bleibt. Das ist ein sehr schönes, ein wichtiges Gefühl. Es ist eine Bereicherung für ein Land, das so zerstört war. Ein Beitrag in der Hoffnung, dass keine weitere Zerstörung kommt. Man weiß ja nie.

Was geben Sie jungen Menschen mit auf den Weg?

Was für mich ganz wichtig ist und in großen Buchstaben geschrieben werden soll, ist Toleranz. Damit richtig umzugehen, ist ungeheuer wichtig. Toleranz und gleichzeitig Bescheidenheit, Demut.

Günter Tembrock

Günter Tembrock (*1918) ist Begründer der ersten deutschen Forschungsstätte für Ethologie (Verhaltensbiologie) und seit 1937 Angehöriger der heutigen Humboldt-Universität zu Berlin. Hier studierte er Zoologie, Anthropologie und Paläontologie und habilitierte sich 1955. Von 1968 bis 1983 war er Direktor des Lehrstuhls für Verhaltensphysiologie und Zoologie. Unter seiner Leitung entstand in Berlin eines der drei größten Tierstimmenarchive der Welt. Bekanntheit erlangte er in den 1980er Jahren zusätzlich durch seine Sendung »Professor Tembrocks Rendezvous mit Tieren« im Fernsehen der DDR. Auch nach seiner Emeritierung forscht Prof. em. Dr. Dr. h.c. mult. Günter Tembrock bis heute am Institut für Biologie der Humboldt-Universität.

Sie sind vermutlich das dienstälteste Mitglied der Universität.

Mein Leben an der Universität hat am 1. November 1937 begonnen und meine tägliche Anwesenheit hat im Rahmen der Universitätstätigkeiten bis zum heutigen Tag keinerlei Unterbrechung erfahren.

Damals hieß sie noch Friedrich-Wilhelms-Universität.

Der Name Humboldt-Universität ist vom Berliner Magistrat vorgeschlagen worden. Ich finde ihn sehr gut, wobei ja immer ein bisschen offen bleibt, welcher Humboldt eigentlich gemeint ist. Wilhelm von Humboldt war hier der Dominierende; Alexander hat indirekt dadurch mitgewirkt, dass er Berufungen gefördert hat.

War es für Sie selbstverständlich, ein Studium aufzunehmen?

Es gab einen gewissen Bildungsanspruch in unserer Familie. In meinem Elternhaus wurde viel gelesen und diskutiert über Bücher. Meine Mutter hatte die Mittlere Reife, mein Vater war Volksschullehrer in Blankenfelde mit einem Gehalt von vielleicht 450 Mark. Das heißt, nur mit Hilfe einer Tante habe ich überhaupt studieren können.

Wo sind Sie aufgewachsen?

Ich bin in einer Naturlandschaft aufgewachsen. Es war immer ein besonderes Ereignis, wenn man nach Berlin kam, so von Blankenfelde mit der Heidekrautbahn nach Wilhelmsruh und von da mit der Straßenbahn weiter. Dann vielleicht in den Zoo oder in Museen. Aus Shopping machte ich mir nichts; an Schaufenstern bin ich erst gar nicht stehen geblieben, es sei denn, es waren Bücher dahinter.

Wie erklären Sie sich, dass Sie die Natur so angezogen hat?

Mein Vater kannte sich in der Natur und bei Vogelstimmen gut aus. Er hatte auch mehrfach Steinkäuze aufgezogen, da war ich immer dabei.

Bewegte Sie etwas Bestimmtes?

Mich interessierte das Verhalten und was die Stimmen bedeuten, warum sie die Tiere äußern.

Gab es ein Schlüsselerlebnis für Ihren Studienwunsch Zoologie?

Das Interesse war von Anfang an da. Das allererste Buch, das ich Weihnachten 1924 gerade so lesen konnte, hieß »Wilde Tiere, die unsere Jugend kennen sollte«. Das habe ich heute noch. Tiere draußen zu beobachten und zu halten, hat mich immer interessiert. Frühzeitig habe ich schon Mäuse gefangen und mit nach Hause genommen. Da herrschte nicht immer volle Begeisterung. Einige hatten sich im Klavier eingenistet und Filz abgenagt, um damit Nester zu bauen.

Wie muss man sich Ende der 1930er Jahre den Studienablauf vorstellen?

Die Lehrangebote der Professoren hingen in der Uni aus, sie konkurrierten miteinander. Es gab keine zentrale Stelle und keine Lehrpläne, sondern jeder versuchte Hörer zu kriegen. Professor Kuntzen in der Käferabteilung des Museums hat mich beraten. Zoologie sollte mein Hauptfach sein, also Spezielle und Allgemeine Zoologie, und dazu Anthropologie und Paläontologie als Nebenfächer. Dann suchte man sich aus, bei wem man Vorlesungen hörte, um nachher die Prüfungen zu absolvieren.

Gab es so etwas wie Seminargruppen und ein Aufnahmeritual?

Im Hof gab es die feierliche Immatrikulationsveranstaltung mit Foto. Dann sah man sich in den Vorlesungen. Aber der Zusammenhalt kam erst im Großpraktikum 1940, da war schon Krieg. Wir waren noch vier Studenten.

Verbrachte man auch außerstudentische Freizeit miteinander?

Die anderen ja. Ich nicht. Bis Dezember 1941 wusste ich nicht, ob ich einberufen werde, da musste ich alles fokussieren auf das Studium. Ich habe hier auch meine spätere Frau kennengelernt, sie war Lehramtsstudentin.

Wie haben die gesellschaftlichen Verhältnisse und der Krieg den studentischen Alltag belastet?

In meinem Umfeld waren weitgehend Nazis. Und da hatte ich natürlich keine Lust, ins Studentenleben zu gehen, wozu auch die Aversion gegen Alkohol und Rauchen beitrug. Zudem musste man in dem politischen Umfeld sehr vorsichtig sein. Ich habe mit Kommilitonen und Hilfsassistenten Nächte hindurch diskutiert, wenn wir Luftschutzwachen hatten, aber man musste bei den Gesprächspartnern stark selektieren.

Aber wie frei waren die Diskussionen? Kennen Sie Fälle, in denen Studenten für ihre Äußerungen angeschwärzt wurden?

Ein Student, Dimitri Timofeeff-Ressowski, der bei mir im Kurs saß, wurde 1943 verhaftet und am 1. oder 2. Mai 1945 ermordet. Ich wurde in Diskussionen verwickelt, bei denen ich dann wagte zu behaupten, Wissenschaft müsse überall auf der Welt gleich betrieben werden. Aber es gab eine »arische Wissenschaft«. Widerspruch erzeugte auch das Bekenntnis, Pazifist zu sein.

Stichwort »arische Wissenschaft«: Hat die Nazi-Ideologie in der Biologie, in der Abstammungslehre, viel massiver hineingewirkt als in anderen Wissenschaften?

Ich hatte ja nun Anthropologie als Nebenfach und das war natürlich ein ziemlich prekäres Fach. Um Eugen Fischer gibt es bis heute noch offene Fragen. Ursprünglich distanzierte er sich völlig von der Rassenlehre Hans Friedrich Karl Günthers und betonte, dass Deutschland ein Gemisch von Rassen sei. Das war natürlich auch nicht im Sinne der herrschenden Ideologie.

Sie haben auch einen Prozess miterlebt?

Walther Arndt – Kustos am Museum für Naturkunde – wurde zum Tode verurteilt. Er erzählte mir, dass Mussolini gestürzt sei, und jetzt würden auch bei uns bald die Schuldigen bestraft werden. Ich hatte ihn gewarnt: »Seien Sie vorsichtig!« Andere, denen er das auch erzählte, haben ihn angezeigt. Den letzten Händedruck in der Gerichtsverhandlung habe ich noch heute in Erinnerung mit seinen Worten: »Jetzt ist alles aus.«

Wie sind Sie damit umgegangen?

Als ich am 20. Juli 1944 die Nachricht im Radio hörte, Hitler sei tot, war meine erste Äußerung: zu spät. Denn das Urteil gegen Arndt war schon vollstreckt. Das waren ein paar Wochen zwischen Arndts Tod und dem Attentatversuch auf Hitler.

Aber Hitler hatte überlebt.

Was ist nach dem Tag noch an Werten zerstört worden, wie viele Menschen sind noch ums Leben gekommen? Bei Blankenfelde liegt ein kleiner Friedhof. Dort sind am 2. Mai 1945 noch fünfzig Menschen ums Leben gekommen.

Wie sah das Leben an der Universität zum Kriegsende aus?

Wir waren jeden Tag damit befasst, irgendwo Fenster zu verpappen. Es fing schon mit dem ersten großen Angriff am 22./23. November 1943 an. Über dem jetzigen Käfersaal des Naturkundemuseums gab es einen Saal unseres Instituts für die Wirbeltiersammlung, er ist bei dem Angriff ausgebrannt. Zum Glück hatten wir die Alkoholpräparate schon in den Keller geschafft, sonst hätte sich der Brand ausgebreitet. So konnte er auf den Saal lokalisiert werden. Damals brannten Präparate, Wandtafeln, die Glasvitrinen. Es war furchtbar. Der Saal enthält jetzt zwar eine Sammlung, sieht aber noch immer so aus, wie ihn der Krieg hinterlassen hat.

Nach Kriegsende war die Universität nicht in der Lage, die Lehre aufrechtzuerhalten.

Offiziell ist die Universität erst im Februar 1946 wieder eröffnet worden. Im Sommersemester 1945 habe ich aber schon für

Leute, die direkt von der Front kamen, eine Einführung in die Zoologie gelesen. Die saßen da mit improvisierten Mänteln, die aus den alten Uniformen geschneidert waren, im Hörsaal.

Sie hatten 1941 über einen Laufkäfer promoviert. Wollten Sie nach dem Studium an der Universität bleiben?

Ich hätte wohl gern eine Museumslaufbahn eingeschlagen, bei dieser Art der Fächerkombination lag das nahe. Die Kriegsbestimmung sah nur Kriegsvertreter vor, weil die Stellen nicht blockiert werden durften durch Neubesetzungen. Dadurch blieb ich am Institut, ab 1. April 1941 in besoldeter Stellung. Da fast alle Planstellen mit Mitgliedern der Partei besetzt waren, entstand nach 1945 ein Vakuum, und da bin ich geblieben.

Nach welchen Regeln forschte man in dieser Übergangszeit?

Es fehlte an allem. Es gab kaum Chemikalien und technische Hilfsmittel. Man musste eine wissenschaftliche Thematik finden, die man an einer Universität als Disziplin vertreten und aufbauen kann. Und das wurde die Verhaltensbiologie. 1948 setzte ich mit Unterstützung der Akademie die Forschungsstätte für Tierpsychologie in Gang mit zwei wissenschaftlichen Assistenten.

So entstand die Verhaltensbiologie aus der Not heraus?

Nein, Motivation. Nur es hatte bis dahin an keiner deutschen Universität diese Disziplin gegeben. Es gab starke Strömungen dagegen, dass Verhaltensbiologie überhaupt als Wissenschaft anerkannt würde.

Was waren denn die Schwierigkeiten in der DDR?

Das Ideologische wieder, Pawlow, die Ansichten zur Genetik, Lyssenko, die Auffassung, alles ist erworben. Wir hatten größte Schwierigkeiten, angeborene Mechanismen zu postulieren. Die Ethologie wurde abgelehnt und sollte hier weg.

Gab es wissenschaftlichen Austausch?

Den Vorsprung, den wir hatten, die erste Einrichtung der Verhaltensbiologie Deutschlands zu sein, konnten wir durch den ideologischen Druck nicht halten. Ich durfte nicht mehr reisen, hatte faktisch keine internationalen Beziehungen mehr. Ich traf internationale Wissenschaftler nur, wenn ich nach Moskau an die Akademie oder an die Universität eingeladen wurde.

Wie konnten Sie dennoch Wissenschaft betreiben?

Bei äußerem Druck reagiere ich mit intensiver Arbeit. Ich hatte mir eine gewisse Isolationswelt aufbauen müssen, vielleicht auch eine gewisse Disposition dazu, in der ich dann weitergemacht habe und unbeirrbar meine Ziele verfolgte.

Einer Ihrer Verdienste ist der Aufbau eines Tierstimmenarchivs mit etwa 130.000 Aufnahmen, das jetzt am Berliner Naturkundemuseum beheimatet ist.

Heute weiß kein Mensch mehr, dass das Wort Bioakustik von mir stammt. Es gab in Amerika eine Institution Biological acoustics. Daraus habe ich 1959 in meinem ersten Buch über Tierstimmen Bioakustik gemacht und ab 1963 die wohl erste Vorlesung zur Bioakustik in der Welt überhaupt gehalten.

Dazu zählen nicht nur die Laute, die die Tiere machen.

Auch das Hören gehört dazu. Man kann ja nichts senden, wenn man nichts hören kann. Bioakustik habe ich von Anfang an so definiert, dass es das ganze akustische Übertragungssystem zwischen Organismen meint. Daraus entwickelte ich den Begriff Biokommunikation.

An welchen Tieren forschten Sie zu dieser Zeit?

Wir hatten die Verhaltensweisen von Füchsen erfasst. Mit Röhrengeräten konnten die Tagesaktivitäten registriert werden, aber die Laute fehlten uns. Es war uns ein dringendes Bedürfnis, sie aufzuzeichnen. Deshalb, und um ein Tierstimmenarchiv aufzubauen, habe ich die Maschine herstellen lassen.

Die Technik ist in den letzten Jahren sprunghaft besser und preiswerter geworden.

Unser erster Frequenzanalysator kostete 23.000 Mark.

Haben die veränderten gesellschaftlichen Umstände Ihre Forschung in den letzten Jahren erleichtert?

Das ist zwiespältig. Als ich regulär in die Universität eingebunden war, hatte ich mehr Möglichkeiten, Ideen umzusetzen, hatte Mitarbeiter, ein Budget. Jetzt, da ich emeritiert bin, bin ich darauf angewiesen, dass ein Student kommt und sagt: »Ich möchte was machen.« Gerade läuft das Promotionsverfahren meiner 76. eigenen Doktorandin, die ihr Thema allerdings mitgebracht hat.

Sie haben noch eine andere Berufung?

Ich singe klassisches Lied und Oper, das ist aber ein reines Privatvergnügen. Jedes Wochenende, wenn ich kann, singe ich ein paar Stunden. Ich hatte nach 1945 sogar einen Berufsausweis als Bariton, hätte also als Berufssänger auftreten können.

Abgesehen davon habe ich auch noch privat völlig unwissenschaftliche Theaterstücke und Romane geschrieben, nichtwissenschaftliche Manuskripte, so als Fingerübungen, um sich auch mal auf andere Weise zu entspannen und zu denken.

Was wird bleiben nach dem Leben?

Ich muss mein Leben voll ausschöpfen. Was daraus nachher wird, das ist für mich kein Gesichtspunkt meines Handelns. Es sollte mich freuen, wenn etwas in irgend einer Weise weiter wirken kann. Wenn es das wert ist. Oder aber es wird eliminiert. So ist Evolution. »Greift nur hinein ins volle Menschenleben, wo ihr es packt, da ist es interessant.« (Faust) Nun ja, möge es so bleiben.

Dieter B. Herrmann

Dieter B. Herrmann (*1939) war bis 2004 Direktor der Archenhold-Sternwarte und Gründungsdirektor des Zeiss-Großplanetariums in Berlin. Er studierte von 1957 bis 1963 Physik an der Humboldt-Universität zu Berlin, promovierte sechs Jahre später und habilitierte sich im Jahr 1986. Bekannt wurde er als Moderator der Wissenschaftssendung »AHA« im Fernsehen der DDR. Den dort präsentierten populärwissenschaftlichen Zugang zur Himmelskunde verfolgt er bis heute in unzähligen Publikationen und Vorträgen. Zudem forscht er zu wissenschaftshistorischen Fragestellungen der Astronomie und Physik. Seit 2006 ist Prof. Dr. Dieter B. Herrmann Präsident der Leibniz-Sozietät der Wissenschaften zu Berlin.

Viele kennen Sie noch als Fernsehmoderator. Ihren ersten großen Erfolg hatten Sie jedoch als Hauptdarsteller in einer Inszenierung der Studentenbühne der Humboldt-Universität. Waren Sie lieber Schauspieler oder Naturwissenschaftler?

Es waren immer zwei Herzen, die in meiner Brust geschlagen haben. Schon mit dreizehn Jahren habe ich im Haus der Kinder an der Parkaue in Lichtenberg Theater gespielt. Mit mir standen damals Thomas Langhoff und Helga Hahnemann auf der Bühne.

Gleichzeitig hat sich Ihre Begeisterung für die Astronomie entwickelt?

Ich hatte zur gleichen Zeit das Buch »Der Mensch und die Sterne« von Bruno H. Bürgel gelesen. So kam ich als Mitglied einer Arbeitsgemeinschaft zu dieser Sternwarte. Diese beiden Dinge haben mich nicht mehr losgelassen: einerseits die künstlerischen Neigungen – später auch die Beschäftigung mit Musik – und auf der anderen Seite die Naturwissenschaften.

Zeigte sich ein Drang, anderen davon etwas mitzuteilen?

Ja, ich suchte mir mein Publikum. Schon als Oberschüler hatte ich jeden Dienstag bei mir in der Wohnung in Lichtenberg auf dem Korridor einen Zuhörer, dem ich das per Vortrag erzählte, was ich am Montagabend bei einem Vortrag in der Sternwarte gehört hatte.

Beiden Neigungen räumten Sie während Ihrer Studienzeit einen gleichberechtigten Platz ein?

Die Studentenbühne ist ein ganz wesentlicher Punkt während meines Studiums, der mir fast zum totalen Verhängnis geworden wäre. Ich studierte seit 1957 Physik an der Humboldt-Universität. Sehr bald spielte ich auch im Kabarett »Die Massenpunkte« der Mathematischen-Naturwissenschaftlichen Fakultät mit. Dort wurde die Studentenbühne auf mich aufmerksam. Sie wollten den »Entfesselten Wotan« von Ernst Toller inszenieren und glaubten, ich könne den Wotan spielen.

Gab es ein Casting?

Der damalige Leiter Kurt Böwe holte mich zu sich in das Theaterwissenschaftliche Seminar der Humboldt-Universität, warf sich in einen Sessel und sagte zu mir: »Rasieren, bitte!« Nach diesem Vorspiel stellte er mir das Projekt vor. Ein Berufsregisseur vom Berliner Ensemble und ein Berufskomponist sollten die Inszenierung professionell begleiten. Begeisterungsfähig wie ich war, habe ich die Rolle übernommen.

War die Inszenierung erfolgreich?

Sie hatte ein Presseecho ersten Ranges. Sie führte auch dazu, dass Kurt Böwe Schauspieler wurde, anstatt seine Promotion auf dem Gebiet der Theaterwissenschaft zu Ende zu führen. Ich war in ganz Berlin berühmt. Allerdings beschäftigte ich mich auch kaum noch mit dem Studium, besonders dann nicht, als die Premiere bevorstand und wir jeden Abend bis Mitternacht probten und am nächsten Morgen die Prüfungen zu absolvieren waren. Schließlich kam es zu dem großen Debakel, dass ich zum Ende des zweiten Studienjahres zweimal eine der Prüfungen verhauen habe und damit offiziell exmatrikuliert werden musste.

Welche Alternativen boten sich Ihnen?

Mir war unklar, was ich machen sollte. Man hatte mir angeboten, die Schauspielerlaufbahn einzuschlagen und zum Berliner Ensemble zu kommen. Doch ich wusste, ich wollte Physik studieren, auch wenn ich mit großer Intensität einen anderen Weg gegangen war. Ich stellte den Antrag, ein Jahr später diese verpatzte Prüfung noch einmal zu machen, um dann in mein Physikstudium wieder einzusteigen. Da war dann doch zu viel Forscherdrang in mir.

Wie haben Sie die Zeit dazwischen überbrückt?

Ich habe ein Jahr in einem physikalischen Labor im Berliner Glühlampenwerk gearbeitet. Hier konnte man die Physik »von unten« kennenlernen. Dann habe ich die Prüfung bestanden und mein Studium fortgesetzt.

Es gab seinerzeit an der Berliner Humboldt-Universität keine Möglichkeit, Astronomie zu studieren. Wie fanden Sie den Weg in diese Spezialisierung?

Die Frage stellte sich nach dem dritten Studienjahr. Ich war in der Sternwarte als freier Mitarbeiter, habe erste Publikationen herausgebracht auf dem Gebiet der Astronomie, da wäre nun die Spezialisierung auf dem Gebiet der Astronomie am Platze gewesen. Da dies nicht möglich war, habe ich mich für Biophysik entschieden und lernte so den späteren Leiter der staatlichen Zentrale für Strahlenschutz, Professor Sitzlack, kennen, der an der Universität Vorlesungen hielt und mich später in sein Institut holte. Die Astronomie blieb einstweilen noch Liebhaberei.

Welche Dozenten waren für Sie prägend?

Eine außerordentlich beeindruckende Persönlichkeit war Walter Friedrich, der damals schon emeritiert war, ein Schüler von Wilhelm Conrad Röntgen. Er lebte dieses alte Ethos des Wissenschaftlers: Wenn ein wissenschaftliches Problem bestand, dann konnte man nicht schlafen, ehe man einen Ansatz für die Lösung dieses Problems hatte. Er hat sich im Laufe der Diplomarbeit mehrmals mit uns getroffen und sich über die Fortschritte berichten lassen. Ein Bonmot, das er damals formulierte, lautet: »Bei Röntgen war'n wa drei Leute und wat ham wa allet entdeckt. Heute hab ick tausend Mitarbeiter, entdeckt wird jar nischt.«

Haben Sie den Eindruck, dass die studentische Effizienz nachgelassen hat?

Ich habe sogar das Gefühl, dass die Effizienz der Wissenschaft selbst nachgelassen hat. Dieses Gefühl ist sogar das Ergebnis einer quantitativen Studie, die ich durchgeführt habe. Man kann nämlich zeigen, dass die Anzahl der bedeutenden Entdeckungen in der Naturwissenschaft, und zwar speziell auf meinem Gebiet, der Astronomie, nicht in dem selben Maße gewachsen ist wie die Anzahl des wissenschaftlichen Outputs in der Astronomie überhaupt. Das heißt, es erscheinen immer mehr Arbeiten, aber der Anteil bedeutender Arbeiten bleibt anteilig zurück. Mir ist auch bange um das gesamte mittlere Bildungsniveau der Bevölkerung. So wie die Zukunft aussehen wird, ist es für die Lebensgestaltung jedes Einzelnen entscheidend, welches Bildungsniveau, welche Flexibilität und welche Kunst des Lernens zum Lernen er erlernt hat.

Wie kann man die Kunst des Lernens erlernen?

Ich empfehle, nur dann die schwere Bürde eines Studiums auf sich zu nehmen, wenn man die innere Begeisterung hat und die innere Überzeugung, dass man auf dem richtigen Wege ist. Wir haben in der DDR die Welt in vielem zu einfach gesehen. Die Dinge waren eben nicht so monokausal und so simpel, wie sie oftmals dargestellt wurden, sondern viel komplizierter. Und die Welt ist auch komplizierter geworden. Ich wäre schon froh, wenn die Studenten von heute sich überhaupt darum bemühen würden, Zusammenhänge zu sehen. Und das heißt, bei einer Erscheinung, die ich wahrnehme, zu fragen: Warum ist diese Erscheinung so, mit welchen anderen Erscheinungen hängt sie möglicherweise zusammen? Und nicht, dass man nur eine bunte Welt von Ideen entfaltet und wie die Scholastiker nächtelang über alles diskutiert, ohne zu begreifen, dass in diesem Gesamtorganismus, den die Gesellschaft auf diesem Planeten darstellt, fast alles miteinander verzahnt ist.

Wen würden Sie noch als Ihre Lehrmeister bezeichnen?

Am meisten geprägt haben mich Professoren, die mit ihrem eigenen Leben, sei es auf dem Gebiet der Wissenschaft oder über wissenschaftliche Dinge hinaus, prägnante Akzente gesetzt hatten. Friedrich Herneck hielt an der Universität die Vorlesung »Philosophische Probleme der Naturwissenschaften«. Als überzeugter Anhänger des Sozialismus äußerte er hier aber eine ganze Reihe von Ansichten, die ihn in große politische Schwierigkeiten brachten. So widerlegte er öffentlich die kolportierte These, nur auf der Grundlage des dialektischen und historischen Materialismus könne ein Naturwissenschaftler zu wirklich bahnbrechenden Erkenntnissen gelangen. Diese These, so Herneck, sei schon durch das Wirken von Planck und Einstein ad absurdum geführt. Er wurde des Revisionismus bezichtigt. Robert Havemann, damals noch in hohem Ansehen bei der Partei, konnte es sich noch leisten, ihn zu verteidigen. Herneck wurde schließlich in eine Hinterstube des Universitätsarchivs verbannt und bereitete fortan die drei Bände zum 150. Jubiläum der Universität vor. Dadurch ist er zum Historiker der Naturwissenschaften geworden. Er hat mich beeindruckt, weil er aus seiner Überzeugung heraus solche Konsequenzen auf sich genommen hat.

Sie haben bis heute mehr als zweitausend Veröffentlichungen verfasst. Welche ist Ihre wichtigste Entdeckung?

Mich interessierten solche Fragen: Wie entstehen wissenschaftliche Erkenntnisse, welche persönlichen Voraussetzungen, welche Voraussetzungen des Umfeldes gesellschaftlicher Art bestanden? Herneck drängte mich, eine Promotion auf wissenschaftshistorischem Gebiet zu machen. Mein Amtsvorgänger Diedrich Wattenberg meinte, wenn schon Geschichte, dann aber der Astronomie. Auf wissenschaftlichem Gebiet halte ich diese Arbeiten für die wichtigsten, etwa hundertfünfzig wissenschaftliche Publikationen, die ich in diesen Jahrzehnten geschrieben habe und die sich mit der Entwicklung der Astronomie und der Physik beschäftigen. Einiges von dem wurde noch viel zu wenig aufgegriffen.

Nennen Sie ein Beispiel.

Wissenschaftsgeschichte ist überhaupt nicht mathematisiert bis heute. Und sie sei, so sagen konservative Historiker, auch nicht mathematisierbar. Das bestreite ich. Am Anfang meiner Laufbahn stand die kleine Entdeckung, dass die Anzahl der Sternwarten als Produktionsstätten des astronomischen Wissens während des 19. Jahrhunderts mit sehr großer Genauigkeit einem exponentiellen Wachstumsgesetz gefolgt ist. Eine so strenge Gesetzmäßigkeit, die wir beim radioaktiven Zerfall, aber auch in der belebten Natur finden, könnte auch erfolgversprechend zum tieferen Eindringen in die Abläufe der Wissenschaftsgeschichte verwendet werden.

Sie erwähnten bereits, dass Ihre Interessen weit über das Fachliche hinausgingen. Sie waren auch mit Hanns Eisler befreundet.

Ich habe noch während meines Studiums mit Hanns Eisler Live-Interviews in der Humboldt-Universität durchgeführt. Wir spielten unveröffentlichte Tonbänder vor. Das Bild von Eisler war einseitig geprägt in der Öffentlichkeit. Es war nur diese Komponente Kampflieder bekannt. Die kammermusikalischen und zwölftönigen Arbeiten, die er in den USA geschrieben hatte, wurden lange unter dem Deckel gehalten in der DDR.

Was macht den Charakter einer Universität aus?

Was ich für den Geist einer Universität halte, das ist die mehr oder weniger genetische Kette der Leute, die diese Universität geprägt haben. Wenn man eine Universität wie die traditionsreiche Humboldt-Universität betritt, dann weht einem der Wind dieser großen Tradition entgegen. Natürlich hat sich äußerlich vieles verändert, auch die Studienformen haben sich verändert. Aber diese großen Namen sind geblieben.

Fühlen Sie sich der Humboldt-Universität noch verbunden?

Nach wie vor. Und ich bin auch sehr stolz, auf dieser Universität gewesen zu sein.

Nach der Habilitation sind Sie noch einmal an die Universität zurückgekehrt.

Ich hatte 1986 eine Honorarprofessur für Geschichte der Astronomie und Astrophysik an der Sektion Wissenschaftsgeschichte und -organisation. Ich habe hier wissenschaftsgeschichtlich gearbeitet, wobei mir vorschwebte, dass man etwas für die quantitative Betrachtungsweise wissenschaftshistorischer Forschung tun könnte. Ehe wir das aufgebaut hatten, sind die Sektionen nach der Wende aufgelöst worden.

Sie haben mit der Wissenschaftssendung »AHA« des DDR-Fernsehens mehr als vierzehn Jahre lang die populäre Darstellung wissenschaftlicher Ergebnisse befördert und tun es seit fast dreißig Jahren als Direktor der Archenhold-Sternwarte. Was motiviert Sie?

Ich bin der Überzeugung, dass es gut ist für die Verbreitung der Vernunft und des rationalen Denkens unter den Menschen, wenn sie sich wenigstens mit den Grundfragen des heutigen naturwissenschaftlichen Weltbildes beschäftigen. Diese Art zu wirken ist ja eine Mischung zwischen Wissenschaft und Kunst. Ein Wissenschaftler, der ausschließlich in seinem Labor sitzt und sich sonst für nichts interessiert, würde kein Planetariumsprogramm schreiben können. Und ein Künstler, der von Wissenschaft nichts versteht, könnte es auch nicht.

Verkörpern Sie das Gegenmodell zum Elfenbeinturm?

Ganz sicher.

Sie haben das Medium Fernsehen genauso beherrscht wie den Hörfunk, die Zeitung – Ihre schauspielerischen Aktivitäten nicht zu verschweigen. Was konnten Sie mit dieser Popularität, mit der Autorität, die Sie hatten, bewirken?

Die Fernsehauftritte liegen mittlerweile über zwölf Jahre zurück. Noch heute erhalte ich Zuschauerpost. Es ist für mich das Erstaunlichste, dass die Leute sich mit dieser Intensität an die Sendungen erinnern und mich immer wieder darauf ansprechen. Wir müssen ihnen also etwas Bleibendes gegeben haben. Gerade diese Sendung hat eine ganze Reihe von

Problemen, die in der DDR-Gesellschaft tabu waren, zum ersten Mal angesprochen. Ob das die Homosexuellen- oder die AIDS-Problematik war. Für mich bot sich die Gelegenheit, gemeinsam mit den engagierten Fernsehleuten immer wieder Wissenschaft vor eine breite Öffentlichkeit zu bringen, und das ist eine Sache, die mich persönlich sehr befriedigt hat und die offensichtlich weitgehend auch ihren Sinn erfüllte.

Diese Mischung aus Wissenschaft und Kunst, die einen großen Teil Ihres Wirkens bestimmt – würden Sie rückblickend gern etwas ganz anderes gemacht haben?

Die Wissenschaft populär zu machen mit zwei großen Häusern, die ich hier leiten durfte über so viele Jahrzehnte, mit dem Medium des Fernsehens, des Rundfunks, der Presse und der Bücher, die ich geschrieben habe – das zu tun verlangt erstens ein hohes Maß an Begeisterung für die Sache, die man transportieren will, und es verlangt ein hohes Maß an wissenschaftlichen Kenntnissen. Aber auch eine gewisse Begabung, diese Dinge rüber zu bringen. Und da war es doch eigentlich ganz gut, dass die Dinge so gelaufen sind. Als ich gerade aus der Uni exmatrikuliert worden war, da hätte ich Ihnen diese Frage natürlich völlig anders beantwortet.

Regine Hildebrandt

Regine Hildebrandt (1941–2001) wurde als sozial engagierte und bürgernahe Politikerin von den Medien gerne die »Mutter Courage des Ostens« genannt. Von 1959 bis 1964 studierte sie Biologie an der Humboldt-Universität zu Berlin. Anschließend arbeitete sie als stellvertretende Abteilungsleiterin im VEB Berlin-Chemie, wo sie 1968 promovierte. Über ihr Engagement in der Bürgerbewegung »Demokratie Jetzt« und in der neu gegründeten ostdeutschen SPD fand sie den Weg in die Politik. Dr. Regine Hildebrandt war ab 1990 Ministerin für Arbeit und Soziales in der ersten frei gewählten Volkskammer der DDR. Nach ihrem Wechsel in die Landesregierung von Brandenburg führte sie bis 1999 das Ministerium für Arbeit, Soziales, Gesundheit und Frauen. In ihrer offenen Art thematisierte sie ihre Krebserkrankung bereits 1996 öffentlich, der sie im November 2001 erlag.

Sie haben von 1959 bis 1964 an der Humboldt-Universität studiert. Welches Bild haben Sie vor Augen, wenn Sie an Ihre Studienzeit denken?

Im September 1959 habe ich angefangen Biologie zu studieren. Wir waren nicht im Hauptgebäude, sondern im Zoologischen Institut in der Invalidenstraße ansässig. Ins Hauptgebäude sind wir eigentlich nur für das Fach Gesellschaftswissenschaften (Gewi) gekommen. Sie können sich vorstellen, dass dadurch meine Beziehung zur eigentlichen Humboldt-Universität primär negativ geprägt war. Das habe ich aber verdrängt. Inzwischen haben mich Gebäude, Ambiente und mehrere Veranstaltungen wieder mit der HU versöhnt. Das Studium an sich hat mir großen Spaß gemacht, wir waren ja nur fünfzehn Leute. Das war wunderbar, wie eine Familie.

Ursprünglich wollten Sie Bibliothekswissenschaften studieren und wurden abgelehnt. Wie kamen Sie zur Biologie?

Ich muss gestehen, so richtig wusste ich nicht, was ich werden wollte. Da ich alles mühelos begriffen habe, war ich der Meinung, ich könnte auch alles studieren, sogar Physik. Ich war eben sehr breit gefächert interessiert, deshalb dachte ich, ich mache Bibliothekswissenschaften. Das war früher nämlich so: Man hatte den geisteswissenschaftlichen Bereich und ein Spezialgebiet. Da wollte ich gerne Biologie studieren.

Wie kam es zu der Ablehnung?

Ich war weder bei den Pionieren noch in der FDJ organisiert und das brachte damals Schwierigkeiten mit sich, zur Oberschule beziehungsweise zur Universität zugelassen zu werden. Ich gehörte zur Jungen Gemeinde, die galt Anfang der 1950er Jahre noch als konspirative Organisation. Nach dem 17. Juni 1953 hat sich das dann etwas verändert. Auf meine Bewerbung bekam ich im Juli 1959 von der Universität ein Schreiben: »Die Auswahlkommission hat Ihren Bewerbungsantrag zum Studium der Bibliothekswissenschaften eingehend beraten. Leider war sie jedoch nicht in der Lage, eine Zulassung für Sie auszusprechen, da die beschränkte Anzahl der Plätze vorrangig von Bewerbern besetzt werden musste, die bereits eine längere erfolgreiche Tätigkeit in der Praxis aufweisen. Sie haben die Möglichkeit, Ihre Bewerbung zu einem späteren Zeitpunkt zu wiederholen. Für die Zwischenzeit müsste dann eine gute fachliche und gesellschaftliche Arbeit durch die Delegierung eines sozialistischen Betriebes erfolgen.« Das waren die kleinen Gemeinheiten nach dem Motto: Gehen Sie erst mal in die Produktion, da können Sie sich bewähren.

Haben Sie sich entmutigen lassen?

Die Sache war für mich erledigt. Ich hatte mir schon überlegt, Krankenschwester in einer kirchlichen Einrichtung zu werden. In den Ferien waren wir als Abiturienten in einem Pionierferienlager in Markgrafenheide unterwegs und haben die Kinder im Biologiekurs betreut. Das hat mir Spaß gemacht, Nachtfalter mit der Lampe zu fangen und solche Sachen. Und dann bekam ich ein Telegramm, ich sollte ans Zoologische Institut nach Berlin kommen. Eine ehemalige Klassenkameradin, Heike Erdmann, war Tochter des Biologieprofessors an der Humboldt-Universität zu Berlin. Wir kannten uns sehr gut. Dieser Professor bekam 1959 erstmals wieder die Genehmigung, Diplombiologen zu immatrikulieren. Das war im August 1959, als alle Bewerbungsverfahren eigentlich schon vorbei waren. Es gab dann aber noch ein Gespräch mit Erdmann und den ideologisch ausschlaggebenden Leuten. Wenn ich bereit wäre, das Junge-Gemeinde-Abzeichen, eine kleine silberne Kugel mit einem Kreuz darauf, an der Universität nicht offen zu tragen, dann sollte es nun klappen. Diesen Kompromiss bin ich eingegangen.

Der Mauerbau fiel in Ihre Studienzeit.

Das hat mich getroffen wie ein Donnerschlag. Am 13. August 1961 habe ich mit Kommilitonen Urlaub in Pillnitz bei Dresden gemacht. Als wir von einem Ausflug zurückkamen, sprach uns auf der Straße ein Bekannter an: »Ihr seid ja noch hier?« Am 14. August war ich am Brandenburger Tor. Ich war der festen Überzeugung, das kann sich überhaupt nicht halten. Angst war trotzdem nicht dabei. Es wurde ja nicht geschossen.

Wie war die Atmosphäre an der Universität?

Das Studienjahr begann und einer der Kommilitonen fing an, im Gewi-Seminar vom »Antifaschistischen Schutzwall« zu reden, der die Bonner Ultras bändigen und die Kriegsgefahr verhindern solle. Ich dachte, ich werde nicht mehr! Von »Antifaschistischem Schutzwall« konnte doch keine Rede sein, habe ich gesagt. Wo stehen denn die Kampfgruppen? Vor dem Brandenburger Tor! Daraufhin wollten sie mich exmatrikulieren. Ich sei eines Studiums in der DDR nicht würdig.

Sie sind aber geblieben?

Eine kleine Gruppe von Kommilitonen hat zusammen mit Biologieprofessor Erdmann erreicht, dass keine Exmatrikulation ausgesprochen wurde, sondern eine »Bewährung«. Die sah so aus, dass ich in den nächsten Semesterferien im Rhin-Havel-Luch Gräben schippen musste.

Haben Sie sich daraufhin in den Seminaren zurückgehalten?

Nun bin ich ja ein gesprächiger Typ gewesen. Durch Schule und Oberschule wussten wir, dass wir vielleicht mal dieses und jenes sagen durften, aber es musste sehr dezent sein. Dieses eine Mal habe ich eben den Eichstrich überschritten. Ich habe sonst so maßvoll Meinungen geäußert, dass es tolerierbar war. Danach habe ich nicht mehr als nötig gesagt, immer den Lehrstoff erfüllt und hatte meine Ruhe.

Standen Sie mit Ihrer Meinung allein da?

Nein, selbstverständlich waren zwei Drittel genau meiner Meinung. Die Frage ist aber nicht, wer meiner Meinung ist, sondern wer sie auch sagt! In dem Moment, in dem ich mich exponiere und streite, hören die anderen natürlich mit Vergnügen zu, sagen aber kein Wort. An sich waren wir ein kleiner Laden, in dem das Fachliche eigentlich immer die Oberhand hatte. Die Professoren Erdmann und Tembrock haben in Schnürstiefeln und Knickerbockern mit uns oft Exkursionen in die Umgebung von Berlin zur zoologischen Bestimmung gemacht. Da war von Politik überhaupt keine Rede.

Haben Sie mit dem Gedanken gespielt, in den Westen zu gehen?

Ach, überhaupt nicht. Ich muss dazu sagen, wir wohnten in der Bernauer Straße. Das war die Grenzstraße zwischen Mitte und Wedding. Wir wohnten zwar im Osten, aber wenn ich aus dem Fenster geschaut habe, war ich mit dem Kopf im Westen und mit dem Hintern im Osten. Wir sind an der Grenze wie zwischen zwei Welten aufgewachsen. Demzufolge haben wir nicht nur den Osten kritisiert – das natürlich mit dem nötigen Nachdruck –, sondern wir haben den Westen a) genossen und b) die negativen Seiten gesehen. Am Bahnhof Zoo sahen wir auch, was da so an Schieberei und Prostitution läuft. Dieses Äußerliche, dieses Blenden ist ja nun überhaupt nicht meine Art. Mit anderen Worten: Der Osten war für uns das Letzte. Aber der Westen bot nicht die Perspektive für einen idealen Staat. Deshalb war es für meine Familie keine Frage, dass wir im Osten blieben. Bis auf meinen Bruder, der hat sich noch im

September 1961, als die Mauer schon stand, mit seiner Frau aus unserer Wohnung in der Bernauer Straße abgeseilt.

Sie entstammen einer Familie aus sehr einfachen wirtschaftlichen Verhältnissen. Ihr Vater war Pianist, Ihre Mutter Hausfrau. Sie wurden im Kriegsjahr 1941 in Berlin geboren und wuchsen zusammen mit einem vier Jahre älteren Bruder auf. Was bedeutete es für Ihre Familie, dass Sie ein Hochschulstudium aufnehmen wollten?

Das fanden die ganz richtig. Meine Mutter war zwar Hausfrau, hätte aber von der emanzipatorischen Bewegung herkommen können. In bescheidenen Verhältnissen aufgewachsen hatte sie die Ausbildungsmöglichkeiten eben nicht, sondern, wie damals üblich, Kochen und Wirtschaftsführung gelernt. Dann hatte sie etliche Jahre einen kleinen Tabakladen. Meine Mutter wollte, dass ihre Tochter die selben Möglichkeiten hatte wie ihr Sohn. Auch die Vereinbarkeit von Beruf und Familie war immer selbstverständlich. Meine Mutter wäre nie auf die Idee gekommen, nachdem ich 1964 Examen gemacht, 1966 geheiratet und 1968 promoviert habe, 1969 meine Tochter geboren wurde, zu sagen: »Na, nun kannst du ja zu Hause bleiben.« Auf die Idee bin ich gar nicht gekommen. Und meine Mutter hat das erste Kind genommen und gesagt: »Ja, mach' das, bilde dich weiter, entwickle dich weiter und wir helfen dir, so viel wir können.« Die Entwicklung in Ost und West hat sich wirklich sehr unterschiedlich abgespielt. Dieses »Ist denn das nicht schlecht für die Kinder?« hatten wir überwunden. Es war eine gesellschaftliche Befindlichkeit, die gesagt hat, »lernen gehört dazu, arbeiten gehört dazu, etwas leisten gehört dazu« – und deswegen waren die Frauen berufstätig. Das war überhaupt keine Frage. Die Voraussetzungen dafür waren ja da.

Welches Thema haben Sie für Ihre Diplomarbeit gewählt?

Ich wollte mich auf Biochemie spezialisieren. Die war bei uns in der Humanmedizin mit dem Mediziner Samuel Mitja Rapoport und seinen Leuten fachlich exzellent, aber leider auch politisch exzellent besetzt. Das kam also für mich nicht in Frage. Ich habe mir die Biochemie in der Veterinärmedizin herausgesucht, den Professor Hock. Als ich dann sagte, dass ich bei ihm Großpraktikum machen möchte, war er sehr überrascht, weil er so was noch nie hatte. Sein Oberassistent, der war sehr pfiffig und hat für mich ein Großpraktikum ins Leben gerufen. Dann habe ich auch meine Diplomarbeit in der Biochemie der Veterinärmedizin gemacht – nur aus politischen

Gründen. Und dabei habe ich bewusst in Kauf genommen, dass die Fachlichkeit nicht so exzellent war wie bei Rapoport – nur aus politischen Gründen. Mein Diplom habe ich mit Auszeichnung bestanden.

Wie lautete das Thema?

»Die Leberaktivitäten bei unterschiedlichen Ernährungen auf dem Gebiet der Tierproduktion«. Die wollten eben sehen, dass Tiere in besonderem Maße Zuwächse bei verschiedenen Diäten haben, und da habe ich über Enzyme mit Ratten gearbeitet. Eine der Ratten war so ein Mickerling, der nicht ins Gewicht rein passte. Die hätte ich tot machen müssen, aber so kurz vor Weihnachten wollte ich das schon gar nicht und da habe ich sie mit nach Hause genommen. Unser »Rattilein« haben wir dann aufgepäppelt.

Hatten Sie das Gefühl, dass Ihr Herz entflammt war für die Wissenschaft und Sie Wissenschaftlerin werden könnten?

Na das sowieso, wenn auch nicht nach dem Motto: Jetzt habe ich das Ding für mich gefunden. Spaß hat mir Biologie schon immer gemacht, ich kam ja schon mit guten Feld-Wald-Wiesen-Kenntnissen an. Das Interesse war immer da. Ich habe angefangen mit der Kosmos-Reihe »Was blüht denn da?«, »Welcher Stern ist das?«, »Was fliegt denn da?« und »Was lebt in Tümpel, Bach und Weiher?«. Das sind wirklich die besten Bücher. Das hier ist von 1953, damals war ich zwölf. Ich habe da schon botanisiert, Herbarien angelegt und so weiter.

Sie sind dann nach dem Studium in die Produktion gegangen?

Ja, zum VEB Berlin-Chemie, Abteilung Pharmakologie, in den Forschungsbereich. Das war übrigens die einzige Stelle, die von der Universität angeboten wurde. Absolventenlenkung hieß das damals. Da wurde ich gleich stellvertretende Abteilungsleiterin für rund dreißig Leute. Das bin ich dort dann auch bis zu meinem Weggang 1978 geblieben. Mein erster Gedanke damals war: Na hier verblödest du ja, hier musst du was machen. Da habe ich mich erst mal eingearbeitet, aber auch zugesehen, in ein Thema mit einzusteigen und über den Frauenförderplan des VEB Berlin-Chemie über eine außerplanmäßige Aspirantur meinen Doktor zu machen. Da bin ich dann wieder zu Professor Hock. Der musste jetzt neben dem Großpraktikum für Biologen noch eine Promotionsarbeit betreuen.

Sie waren während dieser Zeit an der Universität?

Nein, überhaupt nicht. Der Witz bei der Sache war, dass sie ein Thema von Betriebsinteresse haben, das sie in der Dienstzeit bearbeiten, weil es im Forschungsplan des Betriebes steht. So war ich 1968 promoviert.

Hatte die Humboldt-Universität zu Berlin in Ihrer Studienzeit einen bestimmten Ruf?

Na, das war die Universität damals für uns. Sie müssen wissen, große Auswahlmöglichkeiten gab es nicht. Wir waren geprägt durch die Nachkriegszeit, da hatten wir nicht groß zu wählen. Wir waren froh, wenn wir überhaupt etwas hatten. Das hat sich zur DDR-Mentalität entwickelt. Anspruchsdenken gab es nicht, das war typisch westlich. Es war gang und gäbe, dass man an der nächstgelegenen Universität studierte, weil man sowieso keine Möglichkeit hatte, eine Wohnung zu bekommen oder sich eine solche zu leisten. Wir hatten doch alle kein Geld.

Was haben Sie an Ihren Dozenten geschätzt?

Das fachliche Können sowieso, das ist ja die Voraussetzung. Wenn einer eine Pfeife ist, eignet er sich nicht dazu, dass sie ihn schätzen oder verehren. Aber es war eben auch die menschliche Seite, die immer im Kontakt mit den jungen Leuten besteht. Was mich immer beeindruckt, ist ein echtes Engagement für die Sache. So wie der Tembrock. Der lebt für seine Vogelstimmen und Verhaltensforschung. Das finde ich richtig, die Begeisterung für die Sache, egal, ob die Arbeitszeit vorbei ist oder nicht.

Das Studium war doch sicherlich sehr praxisorientiert?

Wir haben die unterschiedlichsten Exkursionen gemacht, die zum Teil im Stundenplan gar nicht vorgesehen waren. Wir sind mit Tembrock auf die Piste gegangen, waren beim Kloster Chorin in der Jugendherberge und haben vierzehn Tage lang Bestimmungsübungen gemacht. Oder wir sind nach Thüringen oder nach Hiddensee gefahren. Und dann hatte man noch Praktika zu absolvieren, die man selber organisierte. Ich war bestimmt zwei Monate in der Vogelwarte auf Hiddensee, weil mich das besonders interessierte. Die Exkursionen spielten schon eine große Rolle, es wurde mit wenigen Pausen das ganze Jahr durchstudiert. Nicht so wie heute: Kaum hat das Studienjahr angefangen, ist es schon wieder zu Ende. Man kommt gar nicht hinterher und schon sind wieder Semesterferien.

Hatten Sie denn da noch Zeit für Feiern, Feten und Konzerte?

Na klar, was meinen Sie! Ich bin immer ganz eifrig gewesen, was die Kultur anbelangt. Ich habe im Chor gesungen – bei der Berliner Domkantorei nach 1961 –, da war dann sowieso schon ein Abend in der Woche weg und auch viele Wochenenden für die Aufführungen. Außerdem hat es eine Phase gegeben, in der wir jede Premiere in Ostberlin in der Staatsoper und der Komischen Oper besuchten. Es war auch billig. Ich bin für 1,05 Mark in die Komische Oper gegangen. Also wir waren immer viel unterwegs, auch in Ausstellungen. Ich bin ein systematischer Typ, ich habe immer aufgeschrieben, mit wem und wann ich da war, in der Akademie der Künste oder im Neuen Marstall. Gefetet? Na, das hielt sich in Grenzen.

Später haben die Naturwissenschaftler ein künstlerisches Kulturpraktikum eingeführt. Gab es das zu Ihrer Zeit schon?

Nein, so etwas ist offiziell nicht gemacht worden. Aber Günter Tembrock, der spielt ja auch Klavier und singt. Erdmann spielte Bratsche und seine jüngste Tochter ist Konzertmeisterin an der Komischen Oper. Die Annemarie Erdmann ist eine exzellente Geigerin, so dass wir auch sehr viel Hausmusik gemacht haben. Ich selber bin übrigens Hobbyfotografin, ich hatte eine Dunkelkammer.

Denken Sie, dass ein Hochschulstudium heute noch attraktiv ist?

Unbedingt. Ich bin immer der Meinung, man sollte in der Zeit, in der man noch aufnahmefähig ist, so viel wie irgend möglich lernen – gerade wenn wir heute davon ausgehen, dass lebenslanges Lernen sinnvoll ist. Es ist gut, wenn man mit möglichst viel und breitem Wissen startet. Ich halte es für ganz wichtig, wenn man auch gelernt hat zu lernen, sich zu informieren und weiterzubilden.

Wolfgang Thierse

Wolfgang Thierse (*1943) war von 1998 bis 2005 Präsident des Deutschen Bundestages. Sein Studium der Germanistik und Kulturwissenschaft an der Humboldt-Universität zu Berlin begann er 1964 und schloss es fünf Jahre später ab. Er blieb bis 1975 als wissenschaftlicher Assistent an der Hochschule. Dann wechselte er zum Ministerium für Kultur der DDR, später an das Zentralinstitut für Literaturgeschichte der Akademie der Wissenschaften der DDR. 1990 trat er der SPD bei, wurde erst zum Vorsitzenden der Sozialdemokratischen Partei der DDR, dann zum stellvertretenden Vorsitzenden der gesamtdeutschen SPD und der SPD-Bundestagsfraktion gewählt. Seit 2005 ist Dr. h.c. Wolfgang Thierse Vizepräsident des Deutschen Bundestages und gehört weiterhin dem SPD-Parteivorstand an.

Welche Erinnerung haben Sie an Ihre Studienzeit an der Berliner Humboldt-Universität?

Ich war ausgesprochen gerne Student. Und auch immer ein wenig stolz, dass ich an einer der berühmtesten deutschen Universitäten studieren konnte. Es war nicht mehr die berühmte alte Friedrich-Wilhelms-Universität, sondern eine Universität unter den Bedingungen der DDR, aber ich hatte schon ein Bewusstsein dafür, welche große Tradition dieses Haus hatte, das ich jeden Tag betrat.

Sie sind in Breslau geboren und durch kriegsbedingte Umsiedlung in Thüringen aufgewachsen. Ihr Vater war Rechtsanwalt, die Mutter Erzieherin. War der Weg zu einem Studium in diesem Elternhaus vorbestimmt?

Da meine Eltern studiert hatten, lag es nahe, dass sich mein Bruder und ich auch in diese Richtung bewegten. 1962, im Jahr nach dem Mauerbau, habe ich Abitur gemacht. Zum Studium wurde ich zuerst nicht zugelassen. Ich hatte die falsche soziale Herkunft, kam nicht aus der Arbeiterklasse. Zweitens hatte die DDR damals wieder eine ihrer kleineren »Bildungsrevolutionen« ausgerufen: die Forderung, dass alle, die studieren wollen, erst einmal vorher einen ordentlichen Beruf erlernen, sich in der Produktion mehr oder minder gut bewähren. Von meiner Schulklasse wurden zwei zum Studium zugelassen, beides Mädchen, die ein Lehrerstudium aufnahmen.

Demnach haben Sie zunächst einen so genannten ordentlichen Beruf erlernt?

Ich erlernte in Weimar das edle Handwerk des Schriftsetzers. Meine zwei Jahre als Lehrling und nach der Facharbeiterprüfung waren ganz sinnvoll. In Weimar bin ich viel ins Theater und in die Museen gegangen und habe mich im besten Sinne auf's Leben und auf's Studium vorbereiten können. Dann bewarb ich mich in Berlin für die Fächer Kulturwissenschaft und Germanistik.

Resultierte der Studienwunsch aus den Erfahrungen dieser Zeit?

Ursprünglich wollte ich wie mein Vater Rechtsanwalt werden. Aber ich wollte zu DDR-Zeiten nicht Jura studieren, um dann als Staatsanwalt oder Richter im engsten Sinne des Wortes Staatsdiener zu werden. Eine Zeit lang hatte die SED gemeint, man brauche keine Rechtsanwälte, denn der sozialistische Staat sei per se gerecht. Also habe ich meinen anderen Interessen gelauscht. Später in einem Verlag oder in einem Theater zu arbeiten, reizte mich. Kulturwissenschaft als Studiendisziplin war damals ein ganz neues Fach. In der Kombination mit dem zweiten Fach Germanistik war das dann die Entscheidung für Berlin.

Erinnern Sie sich an Ihre Aufnahmeprüfung?

Ja, die Germanisten fragten mich überraschend nach einer Interpretation des Goethe'schen Gedichtes »Willkommen und Abschied«. Aber ich wollte das doch erst studieren, um Gedichte anständig interpretieren zu können. Im Fach Kulturwissenschaft wurde die grundsätzliche Frage gestellt, was das Ziel des Sozialismus sei. Meine Antwort muss sie verblüfft haben; ich glaube sogar, sie ist bis heute richtig: eine Gesellschaft herzustellen, in der soziale Gleichheit herrscht, damit natürliche Ungleichheit zu Geltung kommen kann.

Es war die Zeit, als Walter Ulbricht die Losung ausrief, die Jugend müsse vorbereitet werden auf die spätere Zeit. Es gab relativ viel Freiheit. Die DEFA drehte noch ihre kritischen Filme, bevor das »Kahlschlagplenum« 1965 begann. Wie haben Sie diesen Umbruch bis hin zum VII. Parteitag, der Hochschulreform 1968, Prag 1968 für sich im Studium reflektieren können?

Wie soll ich das nennen? Als Anflüge von, freundlich ausgedrückt, fast nationalem Selbstbewusstsein, oder, unfreundlich ausgedrückt, von ein bisschen Größenwahnsinn. Nach dem Bau der Mauer gab es eine innere Festigung der DDR, schließlich konnte keiner mehr abhauen. Da gab Ulbricht in fast maoistischer Geste das Motto aus: »Jetzt muss der große wirtschaftliche Fortschritt kommen – überholen, ohne einzuholen!« Das neue ökonomische System der Planung und Leitung reformierte in gewisser Weise eine starre und ziemlich unsinnige Planwirtschaft. Dasselbe galt in der Kulturpolitik: Jetzt, da niemand mehr weg könne, müsste mehr möglich sein. So verstanden das jedenfalls viele Kulturschaffende, viele Literaten und Künstler. Diese Phase war allerdings sehr kurz. Das berühmt-berüchtigte IX. Plenum des Zentralkomitees der SED im Dezember 1965 veranstaltete ein kulturpolitisches Scherbengericht, dessen Folge das Verbot vieler Filme und mancherlei Manuskripte war. Die öffentliche Kritik und Aburteilung von Wolf Biermann passte in diese Jahre. Dass uns das alles interessierte und bewegte als Studenten der Kulturwissenschaft, war klar. Das wurde heftig diskutiert.

Auch in Seminaren?

Weniger in den Seminaren, eher wenn wir uns abends zusammengesetzt haben. Der Fall Biermann war Gegenstand solcher studentischen Debatten bis hin zu unangenehmen Konsequenzen. So drohte einem Kommilitonen, der sich besonders heftig für Biermann eingesetzt hatte, die Exmatrikulation. Die anderen stellten sich dann schützend vor ihn und gaben wunderbar politisch lobende Stellungnahmen ab. Das

Fach Kulturwissenschaft/Kulturtheorie war auch ein Phänomen einer bestimmten Art des Aufbruchs. Die marxistische Theorie – der historische und dialektische Materialismus – verengte sich auf Gesellschaftstheorie und wissenschaftlichen Kommunismus. Eine ganz wichtige Dimension fehlte: der Mensch als Individuum und die Bedingungen für seine Entwicklung. Die Einrichtung dieses Faches war eine Antwort auf diesen Mangel. Kulturtheorie als die Disziplin, die nach den Entwicklungsbedingungen des Einzelnen in einer sozialistischen Gesellschaft fragt. Das war ein Moment einer bestimmten Aufbruchsphase innerhalb der marxistischen Gesellschaftswissenschaft.

Doch diese Phase hielt nur kurz an.

Knapp vier Jahre danach, 1968, waren schon viele Hoffnungen auf eine andere Art sozialistischer Gesellschaft gescheitert – eine mit mehr Freiheit für die Einzelnen, mit mehr wissenschaftlicher und kultureller Freiheit. Ich erinnere mich sehr lebendig an unerhörte Disziplinierungsaktionen, gerade an den Universitäten, gerade gegenüber den Wissenschaftlern, den Intellektuellen in der DDR. Alle sollten Zustimmungs- und

Jubelerklärungen zum Einmarsch in die Tschechoslowakei abliefern. Wer das nicht tat, bekam ein Parteiverfahren oder ihm drohte die Exmatrikulation.

Gab es so etwas wie eine studentische Opposition im Verborgenen?

Das Wort Opposition ist so groß. Es hat vielerlei Aktivitäten gegeben in diesem halben Jahr. Im August selber gab es Protestaktionen gegen den Einmarsch: Flugblätter, interne Aufrufe. Manche haben die Folgen zu tragen gehabt, sie wurden exmatrikuliert oder für ein oder zwei Jahre in die Produktion geschickt, um sich zu bewähren. Das war schon eine turbulente Zeit. Eine Phase jäh aufflackernder Hoffnung, ebenso jäh abstürzender Hoffnung und riesiger Enttäuschung.

Was haben Sie von den Studentenrevolten jenseits der Mauer mitbekommen?

Ziemlich viel. Zum einen über das Fernsehen, auch über die christlichen Studentengemeinden gab es gute Kontakte zu Westberliner Studenten, die zu uns kamen und berichteten. Manche von denen, die mich seit damals kennen, erinnern mich noch heute daran, dass ich ihnen in Kenntnis von Marx und Lenin deutlich überlegen war. Ich hatte das alles wirklich gelesen, während sie nur herumschwadronierten.

Wie muss man sich den damaligen Studentenalltag vorstellen?

Das Studium war gut organisiert, im Vergleich zu westlichen Universitäten stark verschult. Unser Jahrgang war in zwei kleine Seminargruppen von etwa fünfzehn Leuten eingeteilt. Es war klar festgelegt, welche Lehrveranstaltungen obligatorisch und welche fakultativ waren. Daran hat man sich im Wesentlichen gehalten. Nach jedem Semester oder am Ende jeden Studienjahres gab es Prüfungen. Also musste man sich schon ein bisschen dahinterklemmen. Als Germanist hat man unerhört viel gelesen, und das mit Vergnügen. In den Seminaren, besonders zur Ästhetik und zur Philosophiegeschichte, wurde viel über Texte diskutiert. Andererseits gab es entsetzlich langweilige Vorlesungen über dialektischen Materialismus; man musste sich obligatorisch die Geschichte der Arbeiterbewegung anhören, die Einführung in den wissenschaftlichen Kommunismus und die politische Ökonomie des Kapitalismus. Das war dieser unerträgliche Kathedermarxismus, wie man ihn vorsichtig nennt – doktrinär und unfrei bis zum Erbrechen.

Gab es unter den Dozenten Persönlichkeiten, die Sie geprägt haben?

Der einzig wirklich faszinierende Lehrer, den ich kennengelernt habe, war Wolfgang Heise – selbst überzeugter Marxist jüdischer Herkunft, der im Zusammenhang mit den Auseinandersetzungen um Robert Havemann in die Kritik der SED-Führung geraten war. Er hielt philosophie- und ästhetikgeschichtliche Vorlesungen. Das war spannend. Es regte zum Nachdenken und zum Widerspruch an. Man hat in der DDR unter Widersprüchen studiert.

Wenn Sie rückblickend die Qualität Ihres Studiums beurteilen, sind Sie das, was Sie heute sind, mit Hilfe dieses Studiums geworden?

Bei den Germanisten habe ich gelernt, am Text zu arbeiten, Gedichte und Romane zu interpretieren, also Texte zu verstehen. Außerdem musste ich lernen, mit Widersprüchen zu leben, auch mit den Widersprüchen meiner Existenz. Aber ich glaube nicht, dass ich viel Handwerkszeug für den späteren Beruf erworben habe. Dazu war dieses Studium der Kulturwissenschaft ideologisch zu überfrachtet.

Dennoch haben Sie sich für die Laufbahn eines Forschungsstudenten entschieden.

Ich wollte am Ende des Studiums nicht in ein Kulturhaus oder in die kulturpolitische Praxis gehen. Dazu war ich zu sehr an Theorie und Wissenschaft interessiert. Und natürlich war ich gern an der Universität, erst als Forschungsstudent, dann als Assistent – das hat mir Spaß gemacht. Ich habe Studenten unterrichtet. Kommunikation ist immer noch das Vergnüglichste – auch in meinem jetzigen Beruf.

Was war das Spezialgebiet?

Ich bin Forschungsstudent im Bereich Ästhetik geworden und habe mich mit neueren Entwicklungen der Semiotik und mit Wissenschaftskritik an der Entwicklung der Literaturwissenschaft befasst. Besonders beschäftigt haben mich wissenschaftsmethodische und -kritische Fragen.

Hatten Sie seinerzeit Schwierigkeiten aufgrund Ihrer Religiosität?

Dass ich Christ bin, hat an der Universität selbst während des Studiums immer nur eine untergeordnete Rolle gespielt, obwohl ich in der Katholischen Studentengemeinde Berlins und der DDR sehr aktiv war.

In der Einschätzung zur Zulassung für das Forschungsstudium findet sich in den Akten der Hinweis: »Die religiöse Bindung hat ihn, wie sein Auftreten während des Studiums zeigt, nicht daran hindern können, und wird es auch künftig nicht tun, gesellschaftlich aktiv und politisch progressiv in unserer Gesellschaft tätig zu sein.« Ist das Wissenschaftslyrik, um Sie durchzuboxen?

Solche Texte kann man nur verstehen, wenn man weiß, unter welchen Voraussetzungen sie geschrieben wurden. Da ist einer, von dem das Institut sagt: Ein intelligenter Junge, der hat was drauf, es wäre doch gut, wenn der bei uns bleiben könnte. Aber nun hat er einen doppelten Makel: Er ist nicht in der SED und, noch schlimmer, er ist Christ. Also muss man nun besonders dick auftragen: Was für ein überzeugter Sozialist er ist. Das hat noch gar nichts mit Anpassung zu tun. Wie 99,99 Prozent der DDR-Bürger war auch ich kein Revolutionär. Denn wir haben uns weder subjektiv noch objektiv in der Lage gesehen, dieses System umzustürzen.

Haben Sie das Forschungsstudium beenden können?

Ja, aber ich habe meine Doktorarbeit nicht beendet. Ich wurde als Assistent an der Humboldt-Uni eingestellt, weil die Kollegen meinten, auch ohne beendete Doktorarbeit sei ich so gut, dass ich an der Hochschule bleiben sollte.

Weshalb hatten Sie die Promotion nicht abgeschlossen?

Warum wird man mit etwas nicht fertig? Weil man mit den Widersprüchen, mit denen man zu tun hatte, nicht zu Rande kommt. In meinem Falle waren das auch die verordneten marxistischen Vorzeichen.

Welchen Rat würden Sie heutigen Studenten geben?

Das klingt so altväterlich. Während des Studiums muss man zwei Dinge tun: sich selbstverständlich »auf den Hosenboden setzen«, sonst lernt man nichts. Zugleich muss man sich die Freiheit nehmen, sich nicht auf das eigene Fach einschränken zu lassen. Stattdessen sollte man sich für andere Fragen und Fächer interessieren sowie für das, was man studentisches und universitäres Leben im weiten Sinne des Wortes nennt. Ich halte nichts von Studenten, die ganz stur, mit engem Blick nur das studieren, was sie ganz schnell zum Abschluss bringt. Allerdings schätze ich auch diejenigen wenig, die vor der Verpflichtung zum Fleiß davonlaufen, indem sie sich in die Abenteuer der studentischen Freiheit stürzen. Man muss beides miteinander verbinden. Und ich wünsche mir, dass Studenten heute die politische und akademische Freiheit wirklich nutzen, die sie haben und die ich leider nicht hatte.

Karin Büttner-Janz

Karin Büttner-Janz (*1952) ist zweifache Olympiasiegerin, Welt- sowie mehrfache Europa- und DDR-Meisterin im Turnen. Sie studierte von 1971 bis 1978 Medizin an der Humboldt-Universität zu Berlin und war bis 1990 an der Orthopädischen Klinik der Charité tätig. Dort habilitierte sie sich mit der Entwicklung der patentierten »Charité-Disk«, einer künstlichen Bandscheibe. Heute ist Prof. Dr. Karin Büttner-Janz Direktorin der Klinik für Orthopädie am Vivantes Klinikum im Friedrichshain in Berlin.

Was bringen Sie mit der Humboldt-Universität in Verbindung?

Historisch betrachtet meine Studienzeit und dass ich heute noch immer mit der Humboldt-Universität durch die Ausbildung von Studenten recht eng verbunden bin.

Beim Erwähnen Ihrer Studienzeit leuchteten Ihre Augen ein wenig. Erinnern Sie sich positiv daran?

Ja. Unbedingt.

Sie waren eine aktive und äußerst erfolgreiche Hochleistungssportlerin und gleichzeitig nahmen Sie ein Medizinstudium auf, was ja doch, selbst wenn man nicht Leistungssport treibt, sehr anstrengend ist. War das nicht eine Doppelbelastung für Sie?

Es waren nur anderthalb Jahre, in denen sich Leistungssport und Studium überschnitten. Insofern war die Belastung nicht so, wie Sie das jetzt vermuten. Parallel zu den Olympia-Vorbereitungen 1972 habe ich zwei Fächer absolviert. Das ist natürlich nichts gegenüber dem normalen Studium. Nach den Olympischen Spielen wurde ich versetzt in ein anderes Studienjahr, damit ich noch einmal beginnen konnte.

Konnten Sie sich dann kontinuierlich dem Studium widmen?

Es gab nach Olympia, wo wir mit fünf Medaillen – einzeln und mit der Mannschaft – sehr erfolgreich waren, eine Auszeichnungsreise für die Medaillengewinner. Dann war ich noch zwei Wochen in Japan und zu einem Schauturnen in der damaligen UdSSR. Ja, und dann fing ich eigentlich erst an mit dem zweiten Semester des ersten Studienjahres, in das ich versetzt wurde, und musste im Grunde genommen das erste Semester nachholen. Als die anderen Studenten in ihren Semesterferien waren, habe ich das meiste absolviert. Gleichzeitig fanden aber im Sommer 1973 die Weltfestspiele der Jugend und Studenten in Berlin statt, und ich war auserkoren, bei einer Massenübung auf einer Pyramide ganz oben zu sein. Und dafür war Training erforderlich. Ich kann mich erinnern, dass ich damals mit meinen Chemie-Unterlagen im Training war und in der Pause gelernt habe. Am Tag nach den Weltfestspielen war die Chemie-Prüfung.

Hatten Sie einen speziellen Studienplan?

Ja. Es gab auch Dozenten, die die Zeit aufbrachten, mich im Einzelgang auszubilden, so dass ich meine Prüfungen absolvieren konnte, um dann regulär mit dem Studium weitermachen zu können. Im vollständigen Alleingang geht es nicht. Unsere Anatomie-Dozentin borgte mir sogar ein Mikroskop und

Präparate, damit ich mich am Wochenende, wenn die Labore geschlossen waren, bilden konnte. Immerhin, die Präparate waren heilig. Die kann man beim Mikroskopieren mal schnell zerstanzen; und die Arbeit, diese anzufertigen, ist ziemlich aufwändig. Damit wurde mir auch die Möglichkeit geboten, das Versäumte nachzuholen. Und ich war sehr dankbar dafür.

Da waren Sie einundzwanzig Jahre. Ihre Sportlerkarriere begann ja wesentlich früher. Ihr Vater entdeckte Sie.

Ja richtig. Mit einem halben Jahr so ungefähr. Er war an der Erweiterten Oberschule Lehrer für Physik und Sport, hat selbst sehr gern und gut geturnt und hat sicher gedacht: prima Hobby für den Vater, mit dem Kind mal so etwas zu versuchen.

Er hatte schon den richtigen Blick?

Sicherlich. Er war auch recht erfolgreich im deutschen Maßstab. Und ihm hat es Spaß gemacht. Mir auch, sonst hätte ich es nicht verfolgt. Kinder sind da ja gnadenlos. Die machen eben das, was Spaß macht, und das eben nicht oder widerwillig, was keinen Spaß macht. Und er hat mir schon eine ganze Menge beigebracht, bevor ich dann auf eine Kinder- und Jugend-Sportschule kam.

Die Kinder- und Jugend-Sportschule war im damaligen DDR-Bezirk Cottbus in Forst. Wie lief das Leben dort ab?

Getrennt von den Eltern. Und das war nicht gut in diesem Alter. Am Wochenende war ich bei den Eltern, also sonnabends nach der Schule nach Hause fahren, sonntags wieder zurück. Oft hatte ich sogar Wettkampf. Das fing an, als ich zehn war. Ganz schön zeitig, nicht? Andererseits, wenn man im Turnen sehr gut werden möchte, dann muss man das früher beginnen, vielleicht mit vier, fünf, sechs Jahren. Und es sollte auf die Eltern geschaut werden, ob sie körperliche Voraussetzungen bieten, die vererbt werden.

Mit Beginn des neunten Schuljahres sind Sie nach Berlin ins Trainingszentrum gekommen. 1966, als Sie dort anfingen, wurden zum ersten Mal die Spartakiade-Wettkämpfe ins Leben gerufen, also so kleine Olympische Spiele für Kinder und Jugendliche. Da war möglicherweise auch der Leistungsdruck von der staatlichen Seite da, möglichst gute Talente zu rekrutieren?

Im Berliner Trainingszentrum fand ich sehr gute und führende Turnerinnen der ehemaligen DDR vor. Da nahm man sicher nicht jeden. Mir wurde die Möglichkeit geboten, dort mit dem Training zu beginnen. Für mich war hier auch eine Perspektive erkennbar, sich weiterentwickeln zu können, und der Sport machte auch Spaß.

Machten Sie sich damals schon Gedanken, was sich an eine sportliche Karriere anschließen könnte?

Ja. Rechtzeitig, schon mit acht, neun Jahren wollte ich Medizin studieren. Erst Zahnmedizin. Ich merkte dann aber, als ich selbst hin und wieder Patientin war, dass ich »zu kurz geraten« war, um das absolvieren zu können.

Turnen hat mit Tanz zu tun. Tendierten Sie in eine künstlerische Richtung?

Nein. Aber der Gedanke Medizin zu studieren ist dann zunehmend gewachsen. Ich hatte während des Sports zum Glück nie richtig große Verletzungen. Mal umgeknickt, mal verstaucht und gezerrt oder ein vorübergehendes Überlastungsproblem, das hatte ich schon. Da wurde ich dann von einem Facharzt für Orthopädie oder Chirurgie behandelt. Auf Grund dieser Erfahrungen konnte ich mich schon grob damit identifizieren, das für die Zukunft als Option zu sehen.

Leistungssportler genossen in der DDR einen besonderen Stellenwert. War es eher förderlich prominent zu sein, als Sie an der Charité mit dem Studium begannen?

Es war sehr schwierig. Bereits als ich dem Seminar vorgestellt wurde, ist Bezug genommen worden auf meine sportliche – in dem Falle dann schon fast – Vergangenheit. Man ist Outsider. Ich hatte ja schon die letzten Schuljahre fast im Alleingang verbracht, hatte Einzelunterricht, damit ich Training und

Schule miteinander koppeln konnte. Nun wurde ich wieder als Einzelgänger präsentiert, aber es gelang mir dann doch glücklicherweise recht schnell, mich in diese Gruppe einzubringen. Bei den Prüfungen wurde sehr kritisch geschaut, ob man auf seinem erfolgreichen sportlichen Polster aufbauen will. Also ich wurde ziemlich hart ran genommen. Im Laufe der Zeit spielte der Bekanntheitsgrad aber keine Rolle mehr. Ich hatte auch keine Probleme, das Studium zu absolvieren.

Als Leistungssportlerin mussten Sie auch abtrainieren, oder?

Das ist ganz bestimmt zu kurz gekommen. Ich kann froh sein, dass Turnen keine Ausdauersportart ist und ich ohnehin kein Ausdauermensch war. Ich habe sehr viel mit Technik kompensiert. Also technisch möglichst perfekt zu turnen und damit Kräfte sparend und gleichzeitig schön, ästhetisch. Ich bin dann früh mit dem Fahrrad durch Berlin zur Uni gefahren. Zwanzig Kilometer jeden Tag, wenn zumindest das Wetter es zuließ.

Und dann nach dem Seminar in die Turnhalle?

So gut wie nicht mehr. Mal so aus Jux, also mal einfach probiert, was noch geht.

Es gab diesen Terminus »Diplomat im Trainingsanzug«. Fühlten Sie sich so?

Da ist schon etwas dran gewesen. Es war auch eine interessante Zeit im Sport. Wir trugen 1968 in Mexiko City zu den Olympischen Spielen dieses gemeinsame deutsche Emblem. Es gab zwei deutsche Mannschaften, jedoch mit gemeinsamer Hymne, mit gemeinsamem Emblem, gemeinsamer Fahne. Und dann trat die DDR 1972 zu den Olympischen Spielen erstmalig komplett selbstständig auf und das ausgerechnet in München, in der Bundesrepublik Deutschland. Die Reaktionen gingen nicht an einem vorbei. Wir hatten unsere Zielstellung für die Wettkämpfe und man wusste ungefähr, wo man an welchem Gerät vielleicht welche Medaille erkämpfen könnte. Und die besonderen politischen Bedingungen waren nicht gerade entlastend und beruhigend.

Die Olympischen Spiele in München 1972 gaben Ihnen nicht den Kick, um sich zu motivieren und zu sagen, jetzt ziehe ich noch einmal vier Jahre durch?

Nein. Gleich nach dem Wettkampf habe ich verkündet, ich höre auf – zum Entsetzen der Trainer. Ich wollte ja Medizin studieren. Ein Medizinstudium und die Facharztweiterbildung – das ist ein sehr weiter Weg. Irgendwann möchte man mal fertig sein. Also da hatte ich ganz klare Zielstellungen. Außerdem hatte ich das Gefühl, an meinem Zenit angekommen zu sein. Ich war froh, relativ jung und erfolgreich mit dem Sport aufhören zu können und dann in das eigentliche Leben, das mit Beruf gekoppelt ist, einsteigen zu können.

Sie waren nach dem Studium und der Ausbildung zur Fachärztin für Orthopädie auch in der Forschung erfolgreich.

Ich bin eine der beiden Entwickler einer künstlichen Bandscheibe, die im allgemeinen Sprachgebrauch als »Charité-Disk« bezeichnet wird. Die Entwicklung begann etwa 1982 in der Orthopädischen Universitätsklinik. Ich habe zu der Thematik auch habilitiert. Meine Habilitation wurde zu Beginn der 1990er Jahre in den USA als Buch herausgebracht. Das zeigt schon das damalige Interesse. Es gab aber auch eine schwierige Phase der Entwicklung Anfang der neunziger Jahre. Ich war vermutlich in Deutschland die Einzige, die diese Prothese, dann schon in der dritten Entwicklungsstufe und durch eine Hamburger Firma hergestellt und vertrieben, implantierte. Und ich hatte auch keinen leichten Stand damals, weil unter meinen Kollegen möglicherweise mehr Widerstreiter als Befürworter waren.

Aber es wurde doch ein sehr erfolgreiches Patent?

Mitte der 1990er Jahre ging dann eine unheimliche Entwicklung los: Die Prothese wurde inzwischen weltweit über sechstausend Mal implantiert, in über dreißig Ländern. Inzwischen wurden von zwei Prothesen alle Rechte verkauft, auch von der »Charité-Disk«, mit so viel Geld, dass man davon ein großes Krankenhaus hätte bauen können, wenn man dieses Geld so anlegen wollte.

In Ihrer Diplomarbeit hatten Sie sich noch einer statistischen Untersuchung zur Notfallmedizin in der DDR gewidmet.

Aus heutiger Sicht hätte ich wirklich ein anderes Thema wählen sollen. Mein Ziel war es damals, eine Diplomarbeit möglichst kurz und unkompliziert zu schreiben, um den erforderlichen Beitrag zum Studienabschluss zu bringen.

Sie wollten nicht im Bereich Sportmedizin arbeiten?

Ich sollte eigentlich bei meinem Sportclub einsteigen, also Leistungssportler betreuen in Trainingslagern und dergleichen.

Wie fanden Sie den Weg zur Bandscheibe?

Die Promotion war fertiggestellt und ich wollte habilitieren. Ich hatte den Anspruch, kreativ zu arbeiten, innovativ zu sein, ich wollte gern etwas machen, was einen Neuheitswert hat.

Man wusste damals, dass das, was vereinzelt in der Welt veröffentlicht wurde zum künstlichen Bandscheibenersatz, nichts taugt. Es gab ein leeres Feld in der Wirbelsäulen-Chirurgie und -Orthopädie. Der damalige Klinikdirektor in der Charité, Prof. Hartmut Zippel, wies darauf hin und dann wurde das Thema aufgegriffen von Dr. Kurt Schellnack, der später Professor wurde, und von mir. Wir beide waren die Entwickler der künstlichen Bandscheibe, der »Charité-Disk«. Die ersten Implantationen des Modells 1 wurden 1984 durchgeführt. Dann wurde Modell 2 entwickelt mit einer größeren Abstützfläche im Bandscheibenraum. Erste Implantation 1985.

Ging die Entwicklung reibungslos vonstatten?

Leider gab es Materialprobleme. In der DDR war die Herstellung der benötigten Metallplatten nicht so möglich, wie man sich das optimal gewünscht hätte. Wir hatten uns dann damals an eine Hamburger Firma wenden können. 1987 wurde in Hamburg eine Prothese hergestellt, die den erforderlichen Belangen nachkam. Und dann begann die eigentliche Entwicklung. Wir haben Patienten in der Charité operiert und die

Methode wurde zunehmend verbreitet. Bis sich das richtige Interesse an der Prothese durchsetzte, vergingen trotzdem noch fast zehn Jahre. Dann ging es so richtig los.

War die Zusammenarbeit mit westdeutschen Forschungseinrichtungen üblich an der Charité?

Ich glaube nicht. Es hatte einer Genehmigung bedurft. Auch die Genehmigung zum Veröffentlichen von Beiträgen in Zeitschriften des westlichen Auslands musste man sich über die entsprechenden Instanzen in der Charité einholen.

Wie sah denn Ihr Arbeitsalltag aus?

Mit dieser Forschungsarbeit war ich maximal zugedeckt. Ich war seit 1987 viele Jahre Oberärztin für Endoprothetik mit entsprechend langen Arbeitstagen. Ich hatte publiziert und Vorträge gehalten und dann die Habilitation Schritt für Schritt erarbeitet. Diese Entwicklung der künstlichen Bandscheibe war ja weltweit einmalig. Auch wenn wenig Freizeit war, die eigentliche Klinikarbeit hat mir großen Spaß gemacht.

Sie sind heute Klinik-Direktorin. Haben Sie sich Ihren Lebensweg so vorgestellt?

In der Studienzeit habe ich nicht so weit vorausgedacht. Da habe ich bis zur nächsten Prüfung gelebt, dann bis zum

Studienabschluss, zum Abschluss des Praktikumsjahres, der Facharztweiterbildung. Ich fing erst an »über den Gartenzaun« in die Ferne zu gucken, als ich Chefärztin wurde, 1990 im März war das. Vorausschauen gehört in zweierlei Hinsicht auch zu meinem Beruf. Zum einen verlangt mein Fachgebiet Folgendes zu berücksichtigen: Wie lange ist das Implantat im Körper, ist der Patient damit zufrieden, welche Probleme sind zu erwarten, wie kann der Patient darauf vorbereitet werden, welche Alternativen gibt es? Zum anderen, wenn man eine Klinik leitet, und ich mache das sehr gern, möchte man rechtzeitig erfassen, wo die Entwicklung hin geht. Wie kann man sein Team motivieren und nach vorn orientieren?

Fühlen Sie sich noch der Charité verbunden?

Meine Verknüpfung mit der Charité als Medizinischer Fakultät der Humboldt-Universität zu Berlin reicht vom Jahr 1971, in dem ich immatrikuliert wurde, bis zum heutigen Tag. Ich wusste, dass ich in einer besonderen Einrichtung studiere. Sie ist auch heute noch etwas Besonderes. Der Name Charité setzt sich durch, trotz verschiedener Entwicklungen, die sich inzwischen vollzogen haben. Nach der Studienzeit und der Arbeit in der Orthopädischen Klinik der Charité bin ich ins Klinikum Hellersdorf gekommen und habe 1992 die entsprechende Befugnis erhalten, in der Lehre tätig zu sein. Seitdem führe ich Seminare, Vorlesungen und Studentenbetreuung durch.

An der Humboldt-Universität nehmen in diesen Tagen mehr als sechstausend junge Menschen ein Studium auf. Welchen Rat möchten Sie ihnen mitgeben?

Universitäten sind sehr wichtig, ich sehe sie als Motor der Zukunft an. Die Studenten sind im Normalfall hoch interessiert etwas zu bewegen – für sich, für ihr Fach, das sie wählen. Sie sollten möglichst schon während der Schulzeit herausfinden, wo ihre spezifischen Interessen liegen, damit sie sich von Anbeginn auf das konzentrieren können, was mal später als Berufswunsch ansteht. Und ich glaube, das fällt vielen jungen Leuten recht schwer. Man wird nur richtig gut im Fach, wenn man sich voll einbringt. Die in der Universität Lehrenden sollten sehr offen sein, den Studenten maximal Unterstützung zu leisten – in einer verbalen Vermittlung und auch in der direkten praktischen Arbeit. Aber es soll natürlich nicht das Leben zu kurz kommen. Das soll man trotzdem genießen.

Jürgen Kuttner

Jürgen Kuttner (*1958) ist als Radiomoderator und Theatermacher bekannt geworden. Von 1980 bis 1985 studierte er an der Humboldt-Universität zu Berlin Kulturwissenschaft und promovierte zwei Jahre später. Nachdem er bis zur Wende im Verband Bildender Künstler der DDR tätig war, engagierte sich Dr. Jürgen Kuttner in den 1990er Jahren als Mitbegründer der Ostausgabe der tageszeitung (taz) und Moderator des Berlin-Brandenburgischen Radiosenders Fritz. Seit 1996 ist er mit seinen Videoschnipselvorträgen Gast an der Berliner Volksbühne. Darin präsentiert er Ausschnitte verschiedenster Fernsehsendungen, die er zu wechselnden Themen zusammenstellt und in unterhaltsamer Weise kommentiert.

Sie haben 1980 mit dem Studium der Kulturwissenschaften begonnen und die Universität sieben Jahre später als Dr. phil. verlassen. Was ist Ihre intensivste Erinnerung an die Humboldt-Universität?

Da gibt es gar nicht so eine starke Erinnerung. Inzwischen ist das alles weit weg gerückt und nimmt diese Architekturform an. Als ich angefangen habe zu studieren, war das ein relativ normaler Ort. Drin war es ja auch eher ein bisschen DDR-mäßig unordentlich und so ganz unfeierlich.

Haben Sie schnell festgestellt, ob das Studium die richtige Wahl war?

Es gab im ersten Semester eine sehr interessante Mischung aus Vorlesung und Seminar. Die Professoren haben eine Stunde Vorlesung gehalten und dann selber dazu das Seminar geführt. Das war insofern interessant, als dass man sofort checken konnte, was das für Leute sind. Und so richtig ist mir der Wolfgang Heise in Erinnerung geblieben, der gleich anfing, Heiner Müller vorzulesen und darüber zu diskutieren. Das war im Grunde das erste Mal, wo ich richtig stolz war: Mensch, jetzt biste Student und kannst das alles studieren. Alles ist offen und mal sehen, was da alles noch kommt und hoffentlich wird's interessant. Der zweite Eindruck war eine Vorlesung zu Kulturtheorie und Kulturgeschichte von Dietrich Mühlberg, die erstaunlich witzig und entspannend war. Das sind meine ersten Bilder, die ich von der Universität habe. Und das alles hat mich so mit Freude erfüllt, so: Guck' an, das kann ja toll werden, das kann ja interessant werden.

Was war der größte Unterschied zwischen Schule und Hochschule?

Na, der Punkt ist ja, dass man in der Schule nicht freiwillig ist. Es gibt Pflichtveranstaltungen und man ist mit Leuten zusammen, von denen man nicht erwarten kann, dass die desselben Geistes sind. An der Universität war das eine andere Situation. Man war auch schon ansatzweise erwachsener, jedenfalls was die männlichen Studenten betraf, weil die schon die Armee hinter sich hatten. Man bemerkte einen eigentümlichen Abstand zum Großteil der Studentinnen, die direkt aus der Schule kamen; die haben also Abi gemacht und, gewissermaßen noch die Stullentasche um den Hals, saßen sie dann eine Woche später in der Uni und haben dort ihre Pausenbrote ausgepackt. Diese Diskrepanz hat sich dann mit der Zeit verschliffen, aber am Anfang war eben diese Naivität da.

Sie arbeiteten im Anschluss an Ihren Grundwehrdienst zeitweise als Grabungshelfer für das Märkische Museum, anschließend als stellvertretender Klubleiter im Jugendklub des Kreiskulturhauses Lichtenberg und als Hausmeister im Betriebskindergarten des VEB Steremat Berlin.

Bei den Kulturwissenschaftlern waren relativ viele Leute, die zwischen Abi und Studium schon mal einen Job hatten. Teilweise waren die zu Beginn des Studiums dreißig Jahre alt, was ja schon ein biblisches Alter darstellt, wenn man selber erst zweiundzwanzig ist. Ich hatte in dieser Zeit gejobbt, geheiratet und das erste Kind, da geht man auch anders an ein Studium ran.

Sie haben an der Heinrich-Hertz-Oberschule das Abitur abgelegt und hatten einen Studienplatz für Physik sicher. Warum sind Sie nicht Physiker geworden?

Man muss fein unterscheiden: Ich wollte Physik studieren, aber nicht unbedingt Physiker werden. Ich war auf dieser Mathe-Spezialschule und da lag es relativ nahe, etwas Naturwissenschaftliches zu studieren, ich hatte ein Faible für Mathe und Physik. Zweifel kamen mir, als mir ein Verwandter, der im Erzgebirge in einer Besteckfirma arbeitete, erzählte, sie kriegen alle fünf Jahre einen Physiker – weil Besteck ist Metall, Metall ist Physik; einer entwickelt ein neues Produkt und der Letzte macht die Lohnabrechnung. Und da überlegte ich mir, ob ich wirklich so Einstein'sche Qualitäten habe und mich jetzt gewissermaßen allein durch Genialität aus Lohnabrechnungen irgendwie verabschieden könnte. Wenn du erst Physiker bist, dann bist du gewissermaßen immer Physiker. Und ich dachte: Dann mach' lieber irgend etwas anderes, etwas, wo keiner genau weiß, was das ist.

Es hätte also auch Russisch sein können?

Nein, nein, Russisch nicht. Es war schon so ein spezifisches Interesse für Popmusik und diesen Avantgarde-Kram da, an der Schule hatte ich Theater gespielt, viel gelesen. Und mich hat auch gewissermaßen immer das Nachdenken darüber interessiert, also nicht nur die Genießerebene. Und so stand die Überlegung, studiere ich jetzt Germanistik oder Theater- oder Musikwissenschaft. Und dann habe ich mich auch wieder für das Unbestimmteste entschieden: Dann mache ich Kulturwissenschaft, das ist von allem etwas.

Sie hatten keine klaren Vorstellungen, wie das Leben nach der Uni aussehen sollte?

Im Gegenteil, mich hat fasziniert, dass so unklar ist, was man hinterher wird. Das Spektrum reichte ja vom Leiter im Eisenbahner-Klubhaus in Doberlug-Kirchhain bis zu Dramaturg an einem Berliner Theater. Ich musste mir erst hinterher

Gedanken machen und habe schließlich mit größtem Interesse und mit einer Ernsthaftigkeit, die mir heute selten geworden scheint, studiert.

Eine Zulassung zum Studium der Kulturwissenschaft bekam man auch nicht ohne weiteres, auf einen Platz gab es sieben Bewerber.

Das war so ein bisschen das Risiko. Dadurch, dass ein Umtauschen des Studienplatzes nicht möglich war, war klar, ich gebe jetzt den Physikstudienplatz weg und habe erst einmal nichts in der Hand. Ich bin dann aber relativ selbstbewusst hingegangen zu den Kulturwissenschaftlern. Es gab auch ein Eignungsgespräch. Man musste dahin, den Scheitel noch mal nachziehen, und dann wurde so eine Form von Reflexionsfähigkeit oder Neugier getestet.

Es gab den Punkt »soziale Herkunft«. Wer aus der Arbeiterklasse stammte, hatte bessere Chancen. Vorteile hatte auch, wer drei Jahre zur Armee ging, wer in der SED war, in der FDJ, DSF und so weiter.

Das galt da für mich alles nicht. In die Partei bin ich erst später eingetreten. Ich war nicht so privilegiert, dass es klar war, ich kriege den Studienplatz. Aber ich hatte ein sehr gutes Abitur und auch schon ein bisschen Ahnung und eine gewisse Form von Eloquenz.

Im Gegensatz zu den Naturwissenschaften waren die Geisteswissenschaften in der DDR stärker ideologisch dominiert. In welchem gesellschaftlichen Klima fand Ihr Studium statt?

Diese extreme Konflikthaftigkeit in der DDR, die 1976 mit der Biermann-Ausbürgerung kulminierte, war schon im Abklingen. Vieles war nicht mehr so hart oder so erbarmungslos, wie es noch in den siebziger Jahren war. Im Politischen war das schon so eine Form von sich dreinschicken ins Schicksal, Schaden minimieren, irgendwie machen lassen. Leute in die Produktion schicken, das galt in den Achtzigern nicht mehr. Im Wissenschaftsbereich Kulturwissenschaft herrschte ein sehr offenes, tolerantes Klima. Es resultierte aus einem bestimmten Widerspruch. Das ganze Studium war natürlich grundsätzlich marxistisch orientiert. Aber es war doch eine andere Form von wissenschaftlicher oder philosophischer Ernsthaftigkeit – zumindest unter den Professoren oder in den Fächern, die man als Student ernst nehmen konnte. Und es gab solche solitären Figuren wie Wolfgang Heise, von dem Heiner Müller sagte, er war der einzige Philosoph, den die DDR hatte, mit genug Brüchen in seiner Biografie, und der die Philosophie tatsächlich transportieren konnte.

Aber die Sektion Ästhetik sollte um 1987 herum wegen »Gorbatschowismus« abgewickelt werden.

Ab 1985 spielte auch Gorbatschow eine enorme Rolle. Das, was man an Reformen, Hoffnungen und Illusionen damit verband, war Tagesgespräch. Also bezog man daraus auch Mut und Kraft, sich selber stärker zu positionieren und Alarm zu machen.

Sie wurden aufgrund Ihrer hervorragenden Studienleistungen für ein Forschungsstudium vorgeschlagen. Was war denn das Reizvolle daran?

Das klingt jetzt sehr anekdotisch, aber als das Studium drohte zu Ende zu gehen, hatte ich keine Vorstellung, was ich machen soll und wollte gern noch zwei Jahre an der Uni bleiben. Das erste starke Motiv aber war zu lernen. Ich bin mit einer großen Neugier hingegangen und es gab eine Menge nachzuholen – also alles das, was man humanistische Bildung nennt. Meine Begegnung mit der Antike fand an der Universität statt, in einem ehrwürdigen geschichtlichen Bereich. Deutsche Archäologie und Philologie waren im 19. Jahrhundert weltweit führend. Und das hatte noch eine atmosphärische Präsenz. Also das war für mich wirklich – und hält bis heute an. Das war so ein Blitz, so ein Glücksmoment, so etwas Erhellendes, das hatte eine wirkliche Kraft.

Ihr Dissertationsthema lautet: »Begriff und Problem der ›Masse‹ in der ideologischen Auseinandersetzung auf kulturellem Gebiet«. Hört sich alles andere als avantgardistisch an.

Das Thema war in gewisser Weise eine Konsequenz aus der Wissenschaftspolitik der DDR. Ich habe lange Zeit an einem Oberseminar zu Peter Weiß' »Ästhetik des Widerstands« teilgenommen bei meinem späteren Doktorvater Norbert Krenzlin. Das hatte etwas Subversives, weil dort in der DDR notwendige, aber nicht geführte Diskussionen stattfanden. Daraus hätte sich ein Thema für die Dissertation ergeben sollen: der Avantgardebegriff bei Peter Weiß, bis hin zu Avantgardemusik. Unglücklicherweise wurde der Professor Sektionsdirektor und eingebunden in die so genannte Z-Planung: Im Zentralkomitee der SED wurden Forschungsprojekte beschlossen. Die hatten dann Gesetzeskraft. Der Schwerpunkt hieß dann für die Sektion »Massenkultur«. Folglich konnte er nicht mit seinen Forschungsstudenten Themen behandeln, die im Grunde genommen der Gegenpol waren. Damit wurde es diese Thematik für die Dissertation, die mich definitiv nicht interessierte. Ich habe mich innerlich zwingen müssen. Und ich habe den ganzen Tag und jede Menge Wein gebraucht, um mich dann abends um zehn hinzusetzen und noch eine Seite in die Schreibmaschine zu hacken. Mir war auch klar, dass es eine gewisse Enttäuschung am Institut geben wird, weil diese Erwartungshaltung da war: Der hatte schon immer sehr gute Leistungen, der kann das, der ist klug, der macht das ganz toll und wir sind gespannt, was der da so schreibt. Und ich wusste, alle würden ein Gesicht ziehen, wenn die das lesen. Und so war es dann auch. Aber es war eine Form von Ehrlichkeit durchzuziehen.

Sie hätten sicher auch eine Assistentenstelle bekommen und die Universitätslaufbahn einschlagen können.

Ich wollte dann raus aus der Uni. Die Atmosphäre wurde mir zu eng oder zu selbstbezüglich. Man kann nicht nur Theorie machen, wenn man weiß, auf der Straße wird nach ganz anderen Gesetzen entschieden. Es war mir zu wenig, es permanent immer nur besser zu wissen. Ich habe mich an verschiedenen Stellen beworben und merkte, dass es auch schwierig ist, seinem Bild von sich selbst treu zu bleiben. Ich hatte ein sehr vielversprechendes Bewerbungsgespräch an der Akademie der Künste in der Internationalen Abteilung. Man hätte in dem

Job viel reisen können. Dann hatte ich mir aber vorgestellt, wenn sie zu dir sagen: »Genosse, wir schicken dich jetzt mal nach Bulgarien, zieh' dich mal ordentlich an«, dann muss ich mir bestimmt die Haare abschneiden und einen Anzug anziehen und das Parteiabzeichen anstecken. Und da wusste ich, das will ich nicht, da werde ich jemand anderes. Ich wäre mir so korrupt vorgekommen, so nach dem Motto: Wenn ich das mit mir machen lasse, dann lasse ich auch alles andere mit mir machen.

Im Verband Bildender Künstler der DDR konnten Sie dann so sein, wie Sie sein wollten?

Im Künstlerverband hat es mir richtig Spaß gemacht. 1987 habe ich da angefangen. Ich bin aber auch mit dem Bewusstsein rein, hier muss ich irgendwann wieder raus, sonst mache ich doch noch Funktionärskarriere, auf die ich keine Lust hatte. Mann, nicht doof, sprachgewandt – ich war da stellvertretender Abteilungsleiter, meine Vorgesetzte war schon ein bisschen älter, ich wusste, in fünf Jahren bin ich dann Abteilungsleiter.

Dann kam die Wendezeit und Sie gründeten die Ost-taz. Es folgte die Radiokarriere über Jugendradio DT 64, Rockradio B zu Fritz. Sie sind ausgebildet worden für den Kulturbetrieb in der DDR, hat Sie das Studium an der Humboldt-Universität für das nicht planbare Leben in der BRD gut vorbereitet?

Ich weiß nicht, ob eine Universität überhaupt auf das Leben vorbereiten kann. Was ich dort gelernt habe, ist eine Form von Problembewusstsein entwickelt zu haben und mit Konflikten kommunikativ umzugehen – nicht in einem Beziehungsdenken, sondern schon in halbwegs gesellschaftlichen Zusammenhängen. Vieles von dem, was ich jetzt beim Radio oder am Theater mache, ist natürlich nicht durch das Studium vorgeprägt. Mir ist es gelungen, eine bestimmte Menge von Substanz, Wissen und Erfahrung zu sammeln, aus denen man, je nach Befähigung, unterschiedliche Sachen machen kann. Ich würde mir auch zutrauen, an einem Theater als Dramaturg zu arbeiten, in den elektronischen Medien, in der Presse. Es gibt vielleicht ein paar Sachen, die in meiner Studienrichtung einfach unterbelichtet waren, aber da war immer ein Unterbau, auf den ich mich beziehen konnte, ohne die handwerklichen Momente zu beherrschen. Wenn man wissenschaftlich arbeiten oder studieren oder lesen gelernt hat, dann ist man sowieso darauf angewiesen, dass man selber liest, das kann einem keine Universität abnehmen. Wenn ich heute noch mal studieren wollte, würde ich danach gucken, ob ich dabei lerne zu lernen. Von daher habe ich keine Defizite, was das Studium an der Humboldt-Uni angeht. Ich fühle mich schon sehr gut ausgebildet. Noch immer.

Impressum

Bibliografische Information der Deutschen Bibliothek: Die Deutsche Bibliothek verzeichnet die Publikation in der Deutschen Nationalbibliografie; detaillierte bibliografische Daten sind im Internet über http://dnb.ddb.de abrufbar.

ISBN 978-3-938714-03-4

Herausgegeben vom Referat Öffentlichkeitsarbeit der Humboldt-Universität zu Berlin

Besuchen Sie uns im Internet: www.panama-verlag.de

Text- und Bildnachweis:

Die Rechte an den Texten liegen bei den Autoren und Interviewten oder ihren Rechtsnachfolgern.
Lektorat: Ellen Mey, Karlsruhe

Alle Porträt-Fotografien: © Heike Zappe, Berlin
Außer Porträt von Wolfgang Thierse: © Deutscher Bundestag, Lichtblick, Achim Melde
Die Rechte an den historischen Aufnahmen aus der Studienzeit liegen bei den Interviewten oder ihren Rechtsnachfolgern.

Zeichnung des Hauptgebäudes der Humboldt-Universität zu Berlin: © Siegfried Steyer, Schönow

HUMBOLDT-UNIVERSITÄTS-GESELLSCHAFT

Verein der Freunde, der Ehemaligen und Förderer e.V.

»Als Humboldt-Universitäts-Gesellschaft ist es für uns mehr als nur satzungsmäßige Pflicht, die Zauberworte ›Friendraising‹ und ›Fundraising‹ mit Leben zu erfüllen. Dies ist eine erfreuliche und dankbare Aufgabe. Schließlich erfolgt der Einsatz zugunsten einer historisch und aktuell einzigartigen Institution im deutschen Bildungswesen. Die Humboldt-Universität ist bei der Neuausrichtung von Studiengängen und Modellen der Nachwuchsförderung an vielen Stellen Vorbild für die Wissenschaftslandschaft in Deutschland. Die Humboldt-Universitäts-Gesellschaft möchte die Aktivitäten zum Nutzen für die Universität mit Ihrer Hilfe steigern. Schenken Sie uns Ihr Vertrauen und werden Sie Mitglied!«

Ihr Hartwig Piepenbrock
Vorstandsvorsitzender

Die Gesellschaft vereint Freunde, Ehemalige und Förderer der Humboldt-Universität, um Kontakte untereinander auszubauen und förderliche Beziehungen zu anderen Partnern zu knüpfen. Sie unterstützt und fördert die Humboldt-Universität zu Berlin ideell und materiell. Die Humboldt-Universitäts-Gesellschaft, Verein der Freunde, der Ehemaligen und Förderer e. V. ist als gemeinnützig anerkannt.

Nähere Informationen

Geschäftsstelle:
Humboldt-Universität zu Berlin
Präsidialbereich
Unter den Linden 6
D-10099 Berlin
Telefon: +49 (0)30 – 2093-2450
Telefax: +49 (0)30 – 2093-2107
E-Mail: hug@hu-berlin.de
Web: www.hu-berlin.de/hug

HUMBOLDT-
UNIVERSITÄTS-
GESELLSCHAFT

Verein der Freunde, der Ehemaligen und Förderer e.V.

Wir geben Ihnen viel zurück

Als Mitglied der Humboldt-Universitäts-Gesellschaft stehen Sie im Dialog mit der Universität und ihren Angehörigen. Sie unterstützen mit Ihrer Mitgliedschaft innovative Ideen und schaffen ein Stück Zukunft, indem Sie einen persönlichen Beitrag für die Ausbildung junger Menschen leisten.

Als Anerkennung erhalten Sie

- die Universitätszeitung der Humboldt-Universität zu Berlin
- die Wissenschaftszeitschrift HUMBOLDT-Spektrum
- den monatlich erscheinenden Veranstaltungskalender

So sind Sie immer auf dem Laufenden und können aktiv verfolgen, was an »Ihrer« Universität los ist. Außerdem senden wir Ihnen persönliche Einladungen zu besonderen Veranstaltungen zu. Wissenschaftliche Vorträge, Konzerte, Tanzkurse oder der Universitätsball bieten die Gelegenheit, Freunde und Ehemalige dieser lebendigen Universität zu treffen. Wir freuen uns auf Sie!